CLASSIQUES LAROUSSE

Collection fondée en 1933 par FÉLIX GUIRAND
continuée par
LÉON LEJEALLE (1949 à 1968) et JEAN-POL CAPUT (1969 à 1972)
Agrégés des Lettres

CORNEILLE

CINNA

tragédie

avec une Notice biographique, une Notice historique et littéraire,
un Lexique, des Notes explicatives, une Documentation thématique,
des Jugements, un Questionnaire et des Sujets de devoirs,

par

BERNARD GRILLET
Agrégé des Lettres

LIBRAIRIE LAROUSSE

17, rue du Montparnasse, 75298 PARIS

RÉSUMÉ CHRONOLOGIQUE
DE LA VIE DE CORNEILLE
1606-1684

1606 — **Naissance à Rouen,** rue de la Pie, le **6 juin,** de Pierre Corneille, fils d'un avocat au parlement de Rouen. Sa famille, de moyenne bourgeoisie, est pieuse et économe.

1615-1622 — Brillantes études chez les Jésuites de Rouen; il obtient des prix de vers latins.

1624 — Corneille est reçu avocat stagiaire au parlement de Rouen. Il n'aurait, selon la tradition, plaidé qu'une seule fois dans sa vie.

1625 — Il écrit ses premiers vers, publiés en 1632, dans les *Mélanges poétiques.* — Naissance de Thomas Corneille, frère du poète.

1628 — Le père de Corneille lui achète deux offices : celui d'avocat du roi au siège des Eaux et Forêts, et celui de premier avocat du roi « en l'Amirauté de France au siège général de la Table de Marbre du palais de Rouen ». Ces charges valent 11 600 livres et rapportent environ 1 200 livres, soit assez peu. Elles obligent Corneille à une certaine activité administrative.

1629-1630 (date incertaine) — Corneille confie, selon une tradition du XVIIIᵉ siècle, sa **première comédie, Mélite,** à la troupe de Mondory, qui passait par Rouen et qui la joue à Paris, au Jeu de paume Berthault.

*1631 — *Clitandre,* tragi-comédie. La pièce est publiée avec les *Mélanges poétiques.*

1631 — *La Veuve,* comédie.

*1632 — *La Galerie du Palais,* comédie.

*1633 — *La Suivante,* comédie.

*1634 — *La Place Royale,* comédie. — Corneille compose, en 1634, une élégie latine en l'honneur de Louis XIII et de Richelieu, de passage à Rouen. *La Gazette* mentionne pour la première fois le nom de Corneille.

1635 — Il aborde la tragédie avec *Médée*; il fait partie - avec Boisrobert, Colletet, L'Estoile et Rotrou - du groupe des cinq auteurs que patronne Richelieu, et reçoit du cardinal une pension qu'il touchera jusqu'en 1643. — Représentation de *la Comédie des Tuileries,* écrite par ce groupe.

1636 — *L'Illusion comique,* comédie.

1637 — *Le Cid,* tragi-comédie (probablement dans les tout premiers jours de l'année). **Querelle du Cid** : *Excuse à Ariste,* de Corneille; *Observations sur « le Cid »,* de Scudéry; *Sentiments de l'Académie sur « le Cid »,* rédigés par Chapelain. — Corneille peut porter le titre d'écuyer; sa famille se voit accorder des armoiries.

1639 — Mort du père de Corneille.

1640 — *Horace,* tragédie.

1641 — *Cinna,* tragédie. — Mariage de Corneille avec Marie Lampérière, fille du lieutenant général des Andelys; il aura d'elle six enfants. — Corneille collabore à *la Guirlande de Julie.*

*1642 (date très discutée) — *Polyeucte,* tragédie chrétienne. — Naissance, en 1642, de Marie Corneille, trisaïeule de Charlotte Corday.

*1643 — *La Mort de Pompée,* tragédie; *le Menteur,* comédie. — Corneille rencontre Molière en Normandie.

---

* La chronologie des premières représentations n'est pas toujours fixée avec certitude pour bon nombre des pièces de Corneille antérieures à 1647. Pour chaque date précédée d'un astérisque (*), la pièce fut jouée pendant la saison théâtrale qui, commencée l'année précédente, se termine l'année indiquée. Exemple : *Clitandre* date de la saison 1630-1631.

© *Librairie Larousse,* 1971.   ISBN 2-03-870036-2

*1644 — *La Suite du « Menteur »*, comédie. Premier recueil d'*Œuvres* de Corneille en librairie.

*1645 — **Rodogune,** tragédie. — Mazarin commande à Corneille *les Triomphes de Louis XIII* : le poète compose des inscriptions destinées à accompagner des dessins sur les victoires du roi.

*1646 — *Théodore, vierge et martyre,* tragédie chrétienne.

1647 — Corneille est reçu à l'Académie française (22 janvier). — *Héraclius,* tragédie. A l'instigation de Mazarin, Corneille collabore à *Andromède* et reçoit 2 400 livres.

1650 — *Andromède,* tragédie à machines. *Don Sanche d'Aragon,* comédie héroïque. — Corneille, nommé procureur syndic des états de Normandie, en remplacement d'un ennemi de Mazarin, revend 6 000 livres ses charges d'avocat, incompatibles avec ses nouvelles fonctions.

1651 — **Nicomède,** tragédie. — Echec de *Pertharite,* tragédie (dans les derniers mois de l'année). Corneille renonce au théâtre. — Il perd sa charge de procureur syndic, qui est rendue à son ancien titulaire (politique d'apaisement à l'égard des Frondeurs).

1652-1656 — Corneille publie la traduction en vers de l'*Imitation de Jésus-Christ.*

*_**

1659 — Retour de Corneille au théâtre avec *Œdipe,* tragédie dédiée à Fouquet. A la fin de l'année, un riche noble de Normandie, le marquis de Sourdéac, propose à Corneille l'idée d'une représentation à grand spectacle, en l'honneur du mariage du roi.

1660 — **Edition complète du *Théâtre* de Corneille, avec les trois *Discours sur le poème dramatique* et les *Examens* de chaque pièce.**

1661 — *La Toison d'or,* tragédie à machines, représentée « pour réjouissance publique du mariage du Roi et de la Paix avec l'Espagne ».

1662 — **Sertorius,** tragédie. Corneille reçoit une pension annuelle de 2 000 livres (somme assez symbolique, puisque la première du *Tartuffe,* au Palais-Royal, en 1669, rapporta 2 860 livres). — Il quitte Rouen pour venir s'installer à Paris (7 octobre).

1663 — *Sophonisbe,* tragédie. Saint-Evremond défend la nouvelle tragédie; Donneau de Visé, au contraire, l'attaque, tandis que l'abbé d'Aubignac publie quatre dissertations contre *Sertorius, Sophonisbe* et *Œdipe.*

1664 — *Othon,* tragédie. — Un édit ayant révoqué toutes les lettres de noblesse données en Normandie depuis 1630, Corneille adresse un sonnet au roi.

1665 — Corneille perd son fils Charles.

1666 — *Agésilas,* tragédie.

1667 — **Attila,** tragédie, jouée par la troupe de Molière. — L'un des fils de Corneille est blessé au siège de Douai.

1669 — Les frères Corneille obtiennent la confirmation de leur noblesse.

1670 — *Tite et Bérénice,* comédie héroïque, jouée huit jours après la *Bérénice* de Racine. — Traductions de l'*Office de la Sainte Vierge.*

1671 — *Psyché,* comédie-ballet, avec Molière, Quinault et Lully.

1672 — *Poème sur les Victoires du Roi en Hollande.* — *Pulchérie,* comédie héroïque.

1674 — Corneille perd son second fils, tué au siège de Grave en Brabant. — Il donne sa **dernière tragédie,** *Suréna.*

1676 — Le roi fait représenter à Versailles six tragédies de Corneille.

1680 — Corneille publie des traductions des *Hymnes de saint Victor.*

1682 — Il donne une **édition complète** de son *Théâtre.*

1684 — **Mort de Corneille, le 1ᵉʳ octobre, à Paris.**

Corneille avait quinze ans de plus que La Fontaine; seize ans de plus que Molière; vingt ans de plus que Mme de Sévigné; trente ans de plus que Boileau; trente-trois ans de plus que Racine.

CORNEILLE ET SON TEMPS

	vie et œuvre de Corneille	le mouvement intellectuel et artistique	les événements historiques
1606	Naissance à Rouen (6 juin).		Révolte du duc de Bouillon.
1629	Mélite, comédie.	Débuts de Malherbe à la Cour. Saint-Amant : Œuvres.	Richelieu, principal ministre.
1631	Clitandre, tragi-comédie. La Veuve, comédie.	Mairet : Silvanire. Racan : Psaumes de la pénitence. Guez de Balzac : le Prince.	Révoltes de Gaston d'Orléans. Victoires en Allemagne de Gustave-Adolphe, soutenu par la France (guerre de Trente Ans).
1632	La Galerie du Palais, comédie.	Mort d'A. Hardy. Rembrandt : la Leçon d'anatomie.	Révolte, défaite et exécution d'Henri de Montmorency. Procès de Marillac.
1634	La Place Royale, comédie.	Mairet : Sophonisbe, tragédie. Rotrou : Hercule mourant, tragédie. Ph. de Champaigne : le Vœu de Louis XIII.	Disgrâce et assassinat de Wallenstein.
1635	Médée, tragédie. Il fait partie des « cinq auteurs ».	Fondation officielle de l'Académie française.	Déclaration de guerre à l'Espagne.
1636	L'Illusion comique, comédie.	Rotrou : les Sosies, comédie. Scudéry : la Mort de César, tragédie. Tristan L'Hermite : Marianne, tragédie.	Complot de Gaston d'Orléans. Perte et reprise de Corbie.
1637	Le Cid, tragi-comédie. Querelle du Cid.	Desmarets : les Visionnaires. Descartes : Discours de la méthode. Mort de Ben Jonson.	Révolte des « Croquants » du Limousin. Révolte de l'Ecosse contre Charles Ier.
1640	Horace, tragédie.	Publication de l'Augustinus. Mort de Rubens.	Prise d'Arras et occupation de l'Artois par les Français.
1641	Cinna, tragédie. Mariage de Corneille.	Descartes : Méditations métaphysiques.	Complot du comte de Soissons.
1642	Polyeucte, tragédie chrétienne.	Du Ryer : Esther. La Calprenède : Cassandre, roman.	Complot et exécution de Cinq-Mars. Prise de Perpignan. Mort de Richelieu (4 décembre), remplacé par Mazarin. Début de la Révolution anglaise.
1643	La Mort de Pompée, tragédie. Le Menteur, comédie.	Arrivée à Paris de Lully. Découverte du baromètre par Torricelli.	Mort de Louis XIII (14 mai). Victoire de Rocroi (19 mai).
1645	Rodogune, tragédie.	F. Mansart commence la construction du Val-de-Grâce.	Victoire française de Nördlingen sur les Impériaux.

1646	Théodore, vierge et martyre, tragédie chrétienne.	Rotrou : Saint Genest, Cyrano de Bergerac : le Pédant joué.	Prise de Dunkerque.
1647	Réception à l'Académie française. Héraclius, tragédie.	Rotrou : Venceslas. Vaugelas : Remarques sur la langue française. Pascal : Nouvelles Expériences touchant le vide.	Fuite de Charles Ier en Ecosse : il est livré au Parlement par les Ecossais.
1651	Nicomède, tragédie. Echec de Perthorite, à la fin de l'année.	Scarron : le Roman comique. Hobbes : le Léviathan. Ribera : la Communion des apôtres.	Alliance du parlement de Paris et des princes. Exil de Mazarin (février). Libération de Condé; ralliement de Turenne à la cause royale.
1659	Retour au théâtre avec Œdipe, tragédie, dédiée à Fouquet.	Molière : les Précieuses ridicules. Lully : Ballet de la raillerie.	Paix des Pyrénées : l'Espagne cède l'Artois et le Roussillon à la France. Abdication de Richard Cromwell.
1662	Sertorius, tragédie. Corneille quitte Rouen pour Paris.	Molière : l'Ecole des femmes. Mort de Pascal. Fondation de la manufacture des Gobelins.	Michel Le Tellier, Colbert et Hugues de Lionne deviennent ministres.
1663	Sophonisbe, tragédie.	Racine : Ode sur la convalescence du Roi.	Invasion de l'Autriche par les Turcs. Lettres patentes pour la fondation de la Compagnie des Indes.
1664	Othon, tragédie.	Racine : la Thébaïde. Molière : le Mariage forcé.	Condamnation de Fouquet, après un procès de quatre ans.
1666	Agésilas, tragédie.	Molière : le Misanthrope; le Médecin malgré lui. Boileau : Satires. Fondation de l'Académie des sciences.	Alliance franco-hollandaise contre l'Angleterre. Mort d'Anne d'Autriche. Incendie de Londres.
1667	Attila, tragédie, jouée par la troupe de Molière.	Racine : Andromaque. Milton : le Paradis perdu.	Conquête de la Flandre par les troupes françaises (guerre de Dévolution).
1670	Tite et Bérénice, comédie héroïque.	Racine : Bérénice. Molière : le Bourgeois gentilhomme. Mariotte découvre la loi des gaz.	Mort de Madame. Les états de Hollande nomment Guillaume d'Orange capitaine général.
1672	Pulchérie, comédie héroïque.	Racine : Bajazet, Th. Corneille : Ariane. Molière : les Femmes savantes.	Déclaration de guerre à la Hollande. Passage du Rhin (juin).
1674	Suréna, dernière de ses tragédies (novembre).	Racine : Iphigénie. Boileau : Art poétique. Malebranche : De la recherche de la vérité.	Victoires de Turenne à Entzheim (Alsace) sur les Impériaux, et de Condé à Seneffe sur les Hollandais.
1684	Mort de Corneille à Paris (1er octobre).	La Bruyère nommé précepteur du jeune duc de Bourbon.	Trêve de Ratisbonne : l'Empereur reconnaît l'annexion de Strasbourg.

BIBLIOGRAPHIE SOMMAIRE

OUVRAGES GÉNÉRAUX SUR CORNEILLE

Paul Bénichou   *Morales du Grand Siècle* (Paris, Gallimard, 1948).

Antoine Adam   *Histoire de la littérature française au XVIIᵉ siècle,* tomes I, II et IV (Paris, Domat, 1948, 1951 et 1954).

Bernard Dort   *Pierre Corneille dramaturge* (Paris, Édit. de l'Arche, 1957 ; nouv. éd., 1972).

Georges Couton   *Corneille, l'homme et l'œuvre* (Paris, Hatier, 1958).

Maurice Descotes   *les Grands Rôles du théâtre de Corneille* (Paris, P. U. F., 1962).

Serge Doubrovsky   *Corneille ou la dialectique du héros* (Paris, Gallimard, 1965).

SUR « CINNA »

Charles Dullin   *Cinna* (Collection « Mises en scène », Paris, Éd. du Seuil, 1948).

SUR LE VOCABULAIRE ET LA LANGUE

André Stegmann   *l'Héroïsme cornélien, genèse et signification* (Paris, A. Colin, 2 vol., 1962).

Charles Muller   *Étude de statistique lexicale : le vocabulaire du théâtre de Pierre Corneille* (Paris, Larousse, 1967).

Thomas G. Pavel   *la Syntaxe narrative des tragédies de Corneille* (Paris, Klincksieck, 1976).

Marie-Odile Sweetser   *les Conceptions dramatiques de Corneille d'après ses écrits* (Droz, Genève, 1963). — *La Dramatique de Corneille* (Droz, Genève, 1977).

CINNA
1640 - 1641

NOTICE

CE QUI SE PASSAIT EN 1640

■ *EN POLITIQUE* : Aux frontières du royaume : *Les troupes fran-
çaises s'emparent d'Arras après neuf jours de siège et mettent en fuite
l'armée espagnole. La Catalogne et le Roussillon, révoltés, se placent
sous la protection de Louis XIII. En Alsace, les villes conquises par Bernard de Saxe-Weimar, mort en 1639, passent sous le contrôle de la
France. A l'intérieur du royaume : Poursuite de la politique de Richelieu
contre les Grands, résistance de la noblesse, qui se manifeste par des
complots (le comte de Soissons, 1641 ; Cinq-Mars, 1642). En 1639 a
éclaté la révolte des Va-nu-Pieds, provoquée par la misère et les vexations
du fisc, en Normandie ; la répression, ordonnée par Richelieu, est exécutée
par Gassion et le chancelier Séguier à Rouen en janvier 1640.*

■ *EN LITTÉRATURE* : *1640 est l'année d'Horace. Corneille,
à Rouen, fréquente chez les Pascal, et Jacqueline Pascal écrit des Stances
sur l'Immaculée Conception couronnées au puy des Palinods de Rouen.
Descartes écrit des Méditations métaphysiques qui paraîtront à Paris
en 1641. L'Augustinus de Jansen est publié à Louvain en août 1640.
Richelieu fait construire la salle du Palais-Cardinal, qui sera inaugurée
le 1er janvier 1641.*

■ *DANS LES SCIENCES* : *Agé de seize ans, Pascal compose son Essai
sur les coniques à la fin de l'hiver 1639-40. Galilée, condamné à la
suite de ses théories sur la rotation de la Terre, passe les dernières
années de sa vie dans sa villa d'Arcetri, près de Florence, sous la surveil-
lance de l'Inquisition ; il y mourra en 1642.*

■ *DANS LES ARTS* : *Mort de Rubens à Anvers. Grande époque
de Vélasquez en Espagne ; de Rembrandt, Frans Hals en Hollande ; de Van
Dyck et Jordaens en Flandre ; de Claude Lorrain, Philippe de Cham-
paigne, des frères Le Nain, de G. de la Tour en France. Nicolas Poussin,
mandé de Rome par Louis XIII, est arrivé en France le 17 décembre 1640.*

REPRÉSENTATION DE « CINNA »

Cinna fut représenté à la fin de l'année 1640 ou au début de 1641,
probablement au théâtre du Marais, où avaient été joués le Cid,
Horace, et auquel Corneille demeurait fidèle. C'est le fameux comé-

dien Bellerose qui reprit le rôle de Cinna à l'Hôtel de Bourgogne. Le privilège d'impression est du 1er août 1642 seulement; il est établi, contrairement à l'usage, au nom propre de Corneille et non à celui d'un libraire : l'auteur fit imprimer la pièce à ses frais à Rouen et la fit vendre par le libraire Toussainct Quinet à Paris. L'achevé d'impression date du 18 janvier 1643, après la mort de Richelieu; la conspiration et l'exécution de Cinq-Mars (septembre 1642) provoquèrent peut-être ce retard, une tragédie sur la clémence pouvant paraître inopportune.

Corneille faisait suivre le texte de la tragédie du passage de Sénèque dont il s'était inspiré, de la traduction de ce passage par Montaigne, et d'une *Dédicace* à M. de Montoron. Ce financier, receveur général de Guyenne, demeurait près du théâtre du Marais et s'était fait le protecteur des comédiens et des auteurs. Corneille, qui avait alors de grands besoins, adressa au généreux mécène une dédicace où se mêlaient maladroitement louanges hyperboliques et allusions discrètes à la parcimonie royale. Les flagorneries se révélèrent payantes, puisque Corneille fut récompensé par une gratification de 2 200 livres. Dans l'édition de 1648, Corneille joignait à *Cinna* une lettre de Guez de Balzac traitant de la tragédie (voir *Jugements*) et enfin, en 1660, un *Examen de « Cinna »*, rédigé par Corneille, fut réuni à l'œuvre.

Si l'accueil fait à *Horace*, quelques mois plus tôt, avait été assez tiède, le succès de *Cinna* fut considérable; il était favorisé par les circonstances politiques et les goûts du public. Les complots contre le cardinal se multipliaient, présageant les troubles de la Fronde, et le climat d'insécurité, de guerre civile, marqué par les jacqueries de Normandie et les répressions sévères, conférait à la pièce une actualité certaine. En outre, le public manifestait de l'attrait pour les pièces romaines, pour les grands problèmes politiques, les discussions sur les avantages de la monarchie et de la démocratie, sur les droits et les devoirs des citoyens, problèmes vulgarisés de nos jours par la radio, la télévision et le journal, mais que seul le théâtre, au XVIIe siècle, permettait de porter devant le grand public.

Corneille a confirmé ce succès qui l'étonna lui-même et lui causa une certaine gêne pour apprécier sa pièce : « Ce poème, écrit-il dans l'*Examen de « Cinna »* (1660), a tant d'illustres suffrages qui lui donnent le premier rang parmi les miens, que je me ferais trop d'importants ennemis si j'en disais du mal : je ne le suis pas assez [ennemi] de moi-même pour chercher des défauts où ils n'en ont point voulu voir, et accuser le jugement qu'ils en ont fait, pour obscurcir la gloire qu'ils m'en ont donnée. »

Sous le règne de Louis XIV, de 1680 à 1715, *Cinna* fut représenté 166 fois (*le Cid* 242 fois, *Horace* 145, et *Polyeucte* 112). En mars 1967, la Comédie-Française avait donné 742 représentations de *Cinna; Horace* en avait eu 863, *le Cid* 1 482, et *Polyeucte* 708.

ANALYSE DE LA PIÈCE

(Les scènes principales sont indiquées entre parenthèses.)

■ *ACTE PREMIER.* **Les conjurés sont prêts.**

L'empereur Auguste, alors qu'il n'était encore qu'Octave, a fait mourir Toranius, le père d'Émilie; depuis ce jour, il traite celle-ci comme sa fille, mais Emilie a juré de venger son père, et elle a promis sa main à Cinna à la condition qu'il tue le prince. A la veille de l'action, elle exprime dans un monologue ses angoisses; elle hésite entre ce qu'elle croit être son devoir et l'amour de Cinna dont elle risque la vie. A sa confidente Fulvie, elle déclare cependant que le sentiment de l'honneur est le plus fort. Cinna vient raconter à Émilie la réunion des conjurés où il a pris la parole, enflammant les cœurs et ravivant la haine contre le tyran : tout est prêt pour le lendemain au Capitole **(scène III).** Mandé par Auguste, ainsi qu'un autre conjuré, Maxime, Cinna croit que le complot est découvert; il jure de mourir en brave. Émilie l'exhorte et se déclare décidée à partager son sort **(scène IV).**

■ *ACTE II.* **Le stratagème de Cinna.**

Auguste, qui ignore le complot, consulte Cinna et Maxime sur le dessein qu'il a formé d'abdiquer. Cinna le dissuade de quitter un pouvoir légitime; Maxime, au contraire, l'encourage à rétablir la république et à rendre la liberté aux Romains. Comme Cinna supplie le prince de rester au pouvoir pour assurer la paix et invoque les intérêts supérieurs du pays, Auguste se range à son avis et, pour le remercier, lui promet la main d'Émilie **(scène I).** Cinna explique à Maxime étonné les raisons de son insistance : il tient à tuer Auguste, car il aime Émilie et veut, en obéissant à ses ordres, la mériter.

■ *ACTE III.* **Les remords de Cinna.**

Maxime aime en secret Émilie, et la confidence de Cinna l'a troublé. Son affranchi Euphorbe le pousse à dénoncer son complice. Cinna reparaît et avoue à Maxime que les bienfaits dont Auguste l'a comblé ont éveillé ses remords : il hésite à frapper l'empereur. Resté seul, il pèse le pour et le contre : doit-il être ingrat envers Auguste ou parjure envers Émilie? à Émilie de décider. Mais Emilie est toujours elle-même : devant les scrupules de Cinna, qui essaie de la faire renoncer au meurtre, elle décide de frapper Auguste de sa propre main. Poussé à bout, Cinna se résout, non sans regrets ni reproches, à tenir la parole donnée **(scène IV).**

■ *ACTE IV.* **La découverte du complot.**

Par l'entremise d'Euphorbe, Maxime a dénoncé le complot à Auguste; il laisse croire à l'empereur que, pris de remords, il est allé se jeter dans le Tibre. Dans une longue méditation solitaire,

Auguste, désemparé par ce coup du sort, dresse le bilan de vingt années d'un pouvoir toujours sanglant et toujours menacé. Doit-il, aujourd'hui encore, punir comme l'exige la raison d'État? doit-il abandonner le pouvoir? doit-il disparaître? Divers sentiments l'agitent, et il ne peut rien résoudre **(scène II)**. Sa femme, Livie, vient lui conseiller la clémence, qui peut servir sa renommée, mais Auguste l'écoute avec impatience. — De son côté, Émilie apprend par Fulvie que le complot est découvert, elle est prête à mourir. Maxime paraît et lui propose de fuir avec lui; Émilie devine sa trahison et le repousse avec dédain. Maxime, désespéré du mépris d'Émilie, exprime de piteux remords et maudit les conseils funestes d'Euphorbe.

■ *ACTE V.* **La clémence d'Auguste.**

Auguste rappelle à Cinna tous les bienfaits dont il l'a comblé et montre qu'il sait tout du complot et des conjurés. Frappé d'abord de stupeur, Cinna essaie de braver son adversaire **(scène I)**. A ce moment, Livie amène une autre conjurée, Émilie; celle-ci se déclare la première coupable et demande à mourir avec Cinna. Cinna veut l'excuser, revendique pour lui toute la responsabilité du complot; mais Émilie refuse de séparer leur cause **(scène II)**. Alors paraît Maxime, qui avoue ses trahisons. Auguste, dans un suprême effort, s'élève jusqu'au pardon qu'il accorde à tous : il promet à Cinna le consulat et lui donne la main d'Émilie. Les conjurés, enfin éclairés, se prosternent devant l'empereur. Livie prédit à son mari un règne désormais paisible et aux Romains un avenir de paix et de bonheur **(scène III)**.

SOURCES ET GENÈSE DE LA PIÈCE

Corneille a trouvé le sujet de *Cinna* dans un chapitre du *De clementia* de Sénèque (I, 9) et dans une paraphrase de Montaigne de ce même passage (*Essais*, I, 23). Sénèque raconte comment, parvenu au principat, Auguste, jusque-là cruel et impitoyable envers ses propres amis, fit preuve de clémence à l'égard de l'arrière-petit-fils de Pompée, Cinna, qui avait voulu l'assassiner. Il était décidé à punir, lorsqu'intervint sa femme, Livie : « Admets-tu, lui dit-elle, les conseils d'une femme? Fais comme les médecins : quand les remèdes ordinaires n'agissent pas, ils en essaient de contraires. La rigueur jusqu'ici ne t'a pas réussi [...] essaie maintenant la clémence : pardonne à Cinna. Le voilà pris, désormais, il ne peut plus te nuire; en revanche, il peut être utile à ta réputation. » Heureux de ce conseil, Auguste convoque Cinna, et, après un long entretien où il lui montre tour à tour les bienfaits dont il a été comblé, son ingratitude, son ambition insensée et vouée à l'échec, il lui pardonne et lui offre son amitié. Ce récit a fourni à Corneille les scènes principales de *Cinna* : les réflexions d'Auguste, l'intervention de Livie, les reproches adressés à Cinna, le pardon.

C'est dans l'*Histoire romaine* de l'écrivain grec Dion Cassius (III° siècle), traduite en français en 1542, qu'il a lu le récit de la conférence qu'Auguste, songeant à abdiquer, eut avec Agrippa et Mécène : Agrippa montre les avantages du régime républicain, Mécène ceux du régime monarchique. Ces deux discours, Corneille les a mis dans la bouche de Cinna et de Maxime : ils permettent de donner à la tragédie un contexte historique, souvent un peu fastidieux, mais goûté des amateurs d'histoire romaine, nombreux en ce milieu du XVII° siècle. De plus, cette consultation d'Auguste proche de son pardon a pour objet de conférer à la clémence de l'empereur plus de magnanimité en la rendant désintéressée. On peut ajouter à ces documents empruntés à l'histoire romaine la lecture de certains ouvrages anciens ou récents traitant des problèmes évoqués dans *Cinna* : *la République* de Bodin (1576), *l'Autorité des rois* de Colomby (1631), *le Ministre d'État* de Silhon (1631), *le Prince* de Balzac (1631). Corneille, d'ailleurs, suivait la mode de son temps en mettant en scène des Romains du type de ceux qu'on admirait dans l'*Histoire romaine* de Coeffeteau, parue en 1621, ou en prenant comme sujet d'une tragédie une conspiration, comme l'avaient fait avant lui Scudéry (*la Mort de César*, 1635) et Guérin de Bonscal (*la Mort de Brute et de Porcie*, 1637).

En outre, Corneille semble s'être inspiré d'événements contemporains, d'abord en représentant une conspiration montée par une femme : le complot organisé par Mme de Chevreuse et le ministre Chalais contre Richelieu, et dans lequel fut entraîné le maréchal Ornano (1626), comporte, comme *Cinna*, des intrigues à la fois amoureuses et politiques. Par amour pour Mme de Chevreuse, Chalais avait promis d'assassiner Richelieu, puis avait tout révélé au cardinal. Richelieu avait d'abord pardonné, mais les deux conspirateurs ayant récidivé, il les avait fait décapiter. Cette « conspiration des femmes » est-elle la source de *Cinna*? Ce n'est pas certain, mais, en tout état de cause, il est vraisemblable de voir dans *Cinna* un reflet du climat politique en 1640, quelques années avant la Fronde. Sous Richelieu, en effet, les grands seigneurs ne songeaient qu'à conspirer, à l'exemple de Gaston d'Orléans, frère du roi, et la conjuration de Cinna et d'Emilie a quelques points communs avec les conspirations du style Louis XIII, où se mêlent les histoires d'amour, de vengeance et de haine. Le comte de Soissons, ennemi irréductible de Richelieu, après avoir trempé dans plusieurs complots, préparait une nouvelle tentative qui allait lui coûter la vie en 1641 ; le début de l'affaire Cinq-Mars, tragiquement terminée en 1642, date précisément de l'année 1640, après le siège d'Arras.

Enfin, on a conjecturé que Corneille s'était souvenu de la révolte des Va-nu-Pieds, qui venait de désoler la Normandie. Accablés de taxes et de vexations diverses, les paysans avaient refusé de payer et formé une jacquerie, dont le parlement de Rouen n'avait pu réprimer les excès. Richelieu chargea alors Gassion d'écraser

l'armée des mutins et le chancelier Séguier de châtier rigoureusement les Rouennais (hiver 1640). Il est possible que la dure répression
infligée à ses compatriotes ait donné à Corneille l'idée de relire le
De clementia de Sénèque et l'ait amené à méditer sur les avantages
respectifs de la rigueur et de la clémence en politique, mais il est
douteux que Corneille ait voulu donner une leçon au cardinal.

L'ACTION DE « CINNA »

Corneille avait donné à sa tragédie, dans la première édition,
le sous-titre de *la Clémence d'Auguste;* il soulignait ainsi le véritable
centre d'intérêt de la pièce, à qui le rôle d'Auguste assure son unité
profonde. A M. de Montoron, dans sa dédicace, il précisait même :
« Je vous présente un tableau d'une des plus belles actions d'Auguste. Ce monarque était tout généreux, et sa générosité n'a jamais
paru avec tant d'éclat que dans les effets de sa clémence et de sa
libéralité. » C'était, pour comprendre le sens de *Cinna*, une indica-
tion sans équivoque; le public n'y a pas été sensible, et Corneille,
dans les éditions postérieures, a supprimé le sous-titre. Tous les
vœux des contemporains, en effet, allaient à Cinna et à Émilie,
au succès de leur complot et de leur intrigue amoureuse; les hommes
et les belles dames de l'époque, médiocrement émus par le conflit
psychologique d'Auguste, participaient au contraire aux angoisses
des deux jeunes gens, mêlés à de sombres machinations que pimen-
taient des fiançailles secrètes, un serment d'amour, un traître jaloux,
une haine implacable grandie à l'ombre d'un palais. Guez de Balzac,
qui, dans sa *Lettre* à Corneille, se fait l'écho de ses contemporains,
est enthousiasmé par le personnage d'Émilie « belle, raisonnable,
sainte, adorable Furie », et en fait le symbole de la liberté. Cinna
est l'« honnête homme » de la pièce, mais il n'est pas question
d'Auguste. Cette méprise du public fut durable, puisque le prince
de Conti, vingt ans après la première de *Cinna,* assure encore
qu' « en voyant jouer *Cinna* on se récrie beaucoup plus sur toutes
les choses passionnées qu'il dit à Émilie et sur toutes celles qu'elle
lui répond que sur la clémence d'Auguste, à laquelle on songe peu
et dont aucun spectateur n'a jamais pensé à faire l'éloge en sortant
de la comédie ».

Cependant, Corneille lui-même a expliqué en quoi consistait
la pièce : « Cinna conspire contre Auguste et rend compte de sa
conjuration à Émilie, voilà le commencement; Maxime en avertit
Auguste, voilà le milieu; Auguste lui pardonne, voilà la fin. » Ainsi
la conspiration de Cinna et d'Émilie, plus que leur intrigue, est
l'élément déterminant de la crise morale d'Auguste et de son geste
de clémence. La tragédie débute dans l'exaltation de la liberté
républicaine, elle stigmatise la cruauté d'Octave, ses ambitions,
son despotisme; et puis le rôle des conjurés se dégrade tandis qu'Auguste, que nous apprenons à connaître, se dépouille peu à peu de

son personnage d'Octave pour conquérir une nouvelle personnalité. Une habile construction dramatique fait ainsi dériver l'intérêt du groupe des conjurés vers l'empereur ; à mesure qu'Auguste découvre les pions sur l'échiquier de la conjuration, son drame psychologique prend une ampleur nouvelle, et la répercussion en lui de ces découvertes successives et de ses désillusions l'amène au vrai, au seul problème voulu par Corneille : le débat intérieur de celui qui a tout pouvoir et qui livre combat non seulement aux adversaires qui complotent sa mort, mais à son passé sanglant.

L'*unité d'action* est respectée : Corneille a groupé ses trois personnages principaux autour d'une situation donnée — la conjuration — qui évolue en faisant changer les perspectives : Cinna, Émilie sont d'abord unis contre Auguste ; après la découverte du complot, Cinna, gagné à Auguste, essaie de convaincre Émilie dont la haine s'accroît ; après l'acte généreux d'Auguste, les trois personnages sont réconciliés et Auguste est vainqueur. L'apothéose finale élève à la fois celui qui pardonne et ceux qui trahissent. Il s'agit bien là d'un dénouement, de la solution d'une « crise » : la conjuration n'a plus de sens, doublement puisque les conjurés reconnaissent aujourd'hui leur aveuglement, et qu'Auguste, lui aussi éclairé par son geste, donnera à sa politique une impulsion nouvelle qui ne justifiera plus aucune trahison, du moins selon la prophétie de Livie.

Quant à l'*intérêt dramatique*, Corneille a su le ménager tout au long de sa tragédie : les deux premiers actes laissent le spectateur inquiet sur le sort d'Auguste, les trois derniers sur le sort des conjurés. La mort plane sur toutes ces têtes dont à la fin aucune ne tombera. Et l'auteur nous laisse en suspens sur les véritables intentions d'Auguste, depuis la scène II de l'acte IV jusqu'à la dernière scène de l'acte V ; l'empereur, ne sachant que résoudre, consulte sa femme, puis s'éloigne pour une méditation solitaire. Quand il reparaît, face à Cinna, son attitude est énigmatique et ses propos équivoques. A-t-il déjà pardonné dans le fond de son cœur ? Lui seul le sait, le spectateur est indécis ; il l'est plus encore quand Auguste évoque le supplice « étonnant » dont le couple « ingrat et perfide » sera puni. L'anxiété est grande devant une colère qui n'est pas feinte et des paroles qui n'ont sans doute pas le même sens pour celui qui les prononce et ceux qui les entendent. Cette tension qui n'a cessé de croître, un mot d'Auguste y met enfin un terme ; et s'achève dans la joie générale cette tragédie sans cadavres qu'une interprétation étroite du devoir d'État pouvait rendre une des plus sanglantes de la tragédie française.

L'*unité de temps* est strictement observée : « Tous les événements de *Cinna* pourraient à la rigueur tenir en deux heures, c'est-à-dire se renfermer dans le temps nécessaire à la représentation de la pièce. » (*Discours des trois unités.*) Le discours de Cinna (acte premier, scène III) tient lieu de prologue résumant la situation antérieure au lever de rideau et qui en est arrivée à la crise décisive : les conjurés sont sur le point de passer à l'action. Informé, à cet instant crucial, du complot, Auguste, dans les quelques heures qui lui restent, doit trouver une solution rapide, à l'échelle de la menace qui pèse sur lui.

L'*unité de lieu* : Corneille s'en explique dans son *Examen de « Cinna »* : « La moitié de la pièce se passe chez Émilie et l'autre dans le cabinet d'Auguste. J'aurais été ridicule si j'avais prétendu que cet empereur délibérât avec Maxime et Cinna, s'il quitterait l'empire ou non, précisément dans la même place où ce dernier vient de rendre compte à Émilie de la conspiration qu'il a formée contre lui [...], mais cela n'empêche pas qu'à considérer tout le poème ensemble, il n'aye son unité de lieu, puisque tout s'y peut passer non seulement dans Rome ou dans un quartier de Rome, mais dans le seul palais d'Auguste. » Corneille distingue donc, comme le fera l'abbé d'Aubignac dans sa *Pratique du théâtre*, le *lieu* de l'*ensemble*, c'est-à-dire le palais d'Auguste, et les *lieux particuliers*, l'appartement d'Auguste et celui d'Émilie. Dans *le Cid* déjà, il avait utilisé cette formule, et il la justifiera plus tard dans son *Discours des trois unités* par ses réflexions très judicieuses : « J'accorderais très volontiers que ce qu'on ferait passer en une seule ville aurait l'unité de lieu. Ce n'est pas que je voulusse que le théâtre représentât cette ville tout entière; cela serait un peu trop vaste, mais seulement deux ou trois lieux particuliers enfermés dans l'enclos de ses murailles. Ainsi la scène de *Cinna* ne sort point de Rome. » A l'époque de Corneille, le théâtre représentait donc simultanément les deux appartements; plus tard, pour respecter rigoureusement l'unité de lieu, toute la tragédie se passa dans le vestibule. On lira avec fruit les remarques de Ch. Dullin sur la mise en scène de *Cinna*, dont voici la conclusion : « Ce qu'il importe de retenir, c'est que l'unité de lieu liée à l'unité de temps est nécessaire au bon enchaînement des scènes et au rythme général du poème dramatique. En dehors de cette nécessité, la décoration est une affaire de goût. » Et Dullin envisage quatre lieux scéniques : la chambre d'Émilie, une salle du palais, une galerie séparant ces deux pièces et un proscenium, zone neutre en dehors des appartements.

LES CARACTÈRES

Les neuf personnages que comporte *Cinna* sont d'importance très inégale; tous les caractères cependant sont subordonnés à celui d'Auguste.

Si **Polyclète** et **Évandre** sont de pâles figures de confidents, **Fulvie** et **Euphorbe** ne jouent pas seulement les utilités; ils participent, autant que le permet leur modeste condition, aux déterminations de leurs maîtres : Fulvie cherche à éclairer Émilie et lui prêche la modération, tandis que l'affranchi Euphorbe tient auprès du faible Maxime le rôle que tiendra Narcisse auprès de Néron.

Le rôle de **Livie** fut jugé à ce point inutile qu'au XVIIIe siècle on le retranchait; il ne fut rétabli qu'en 1806 pour Mlle Raucourt et le 21 septembre 1860 par la Comédie-Française. Le caractère, il est vrai, est peu fouillé; si la Livie de l'histoire avait une forte personnalité, qui semble parfois même avoir éclipsé celle de son mari, celle de Corneille est davantage un rôle qu'un personnage : sa présence est surtout destinée à infléchir l'action et à peser sur la décision d'Auguste; Livie conseille la clémence, non par générosité humaine mais par politique, le pardon pouvant servir à la renommée de l'empereur. Et tout, chez elle, est politique; la clémence est un moyen pour maintenir le pouvoir comme la cruauté est aussi un moyen pour y accéder : « Tous ces crimes d'État qu'on fait pour la couronne, déclare-t-elle à Auguste, le Ciel nous en absout alors qu'il nous la donne. » Seuls comptent les résultats; la prudence politique consiste à utiliser selon les circonstances ces deux procédés opposés. Machiavélisme un peu simpliste dont l'intérêt est de conférer plus de prix au geste d'Auguste; l'empereur adoptera le parti de la clémence en donnant un autre sens à ce pardon, oubli généreux de l'outrage et non geste habile et intéressé. Du moins Livie aura-t-elle eu le mérite d'introduire la perspective du pardon.

Émilie est le double féminin d'Auguste, presque à la taille de l'adversaire qu'elle hait; âme du complot, elle fait preuve d'un courage sans défaillance. Elle nous apparaît au début comme une fanatique, aveuglée par la haine et l'obsession de la vengeance, et nous aimons peu l'entendre répéter que les bienfaits d'Auguste ont accru sa haine à l'égard du meurtrier de son père; cette « adorable Furie » nous paraît bien peu humaine. Cependant, les péripéties de l'action nous apprennent à découvrir sa force de volonté, sa générosité, même si elles sont appliquées à des fins discutables. Elle est amoureuse, d'un amour exigeant, se confondant avec sa haine pour Auguste, mais aussi d'un amour de jeune fille romanesque qui veut découvrir chez son fiancé les qualités de cœur que son imagination lui prête. Après la trahison de Maxime, elle demeure loyale, fidèle à son amant à l'heure du danger, désireuse de partager avec lui le châtiment, autant par amour que par sens de ses responsabilités, toujours prête à sacrifier sa vie pour son idéal. Car Émilie est dans la ligne des héroïnes cornéliennes : elle « aime encore plus Cinna qu'elle ne hait Auguste », mais, poussée par les exigences de sa « gloire », elle se croirait infâme si elle n'accomplissait pas son devoir; son amour devra céder, même au prix de son bonheur, devant la cause qu'elle défend. En renonçant à tuer Auguste, à imposer à Cinna cette tâche inhumaine, elle aurait pu goûter les joies d'un bonheur simple, ces joies que réclamera Pauline à un Polyeucte, frère d'Émilie; mais, à travers les souffrances et les craintes, elle marche vers cet idéal d'honneur auquel elle sacrifie tout. Le feu qui la dévore, c'est la passion de la justice; Auguste, criminel et tyran, doit disparaître, et tout est subordonné à l'accomplissement de cette mission. Devant la générosité d'Auguste, ses yeux s'ouvrent, ses projets homicides n'ont plus de sens puisque le tyran a rompu avec son passé; elle reconnaît en lui un être de sa trempe, et son admiration égale ce que fut sa haine. Être passionné, elle est en proie à cette exaltation sublime que Corneille appelle « vertu » et qui est, selon l'expression d'un critique récent, « une énergie et une fermeté d'âme bandées pour les actions glorieuses ». Peut-être, sous l'effet de cette exaltation, Émilie a-t-elle une vision trop personnelle et déraisonnable de la vie, de l'amour et de son devoir.

Cinna est jeune, fougueux, ardent, passionné. Il n'est pas sot, possède une maturité politique indéniable, parlant avec Auguste des affaires de l'État en homme averti; il paraît jouir d'un prestige et d'un ascendant peu ordinaires sur les conjurés et sur l'empereur. On ne peut faire de lui un fanatique : il est sincère quand il avoue sa haine de la tyrannie, quand il exalte les sentiments républicains des conjurés, mais il s'abuse lui-même sur les vrais mobiles de son civisme; lui aussi est aveuglé, mais par l'amour; et l'amour d'Émilie triomphe parfois de scrupules qui l'honorent. Car c'est un faible, capable, comme tous les velléitaires, d'actions énergiques dont les mobiles sont troubles. S'il prend pour modèle Brutus, son admiration s'attache surtout à un nom prestigieux, il veut être Brutus par désir de s'affirmer, mais avec la nostalgie des temps héroïques qu'il sait révolus. Cependant, le sens de l'honneur ne lui est pas inconnu : quand il comprend dans quelle impasse il s'est fourvoyé en promettant d'assumer une tâche qui se révèle au-dessus de ses forces, il tergiverse, plaide, raisonne; contraint par Émilie à exécuter la parole donnée, il acceptera de commettre le crime que son cœur réprouve, mais le sentiment de l'honneur lui donnera le courage de ne pas survivre; ainsi sera-t-il fidèle à son amante et fidèle à sa gloire.

Maxime est un républicain sincère; il ne manque pas de bon sens ni de courage, lorsqu'il exprime à Auguste, en présence de Cinna, son opinion sur la tyrannie. Mais il est amoureux, et amoureux jaloux. Cet amour n'est pas exaltant comme l'est celui de son rival, il le pousse à des actes vils pour un illusoire contentement. La maladresse de sa trahison, la naïveté de ses explications font que le ridicule l'emporte, en fin de compte, sur l'odieux.

Corneille a pris avec l'histoire de grandes libertés pour le caractère d'**Auguste**; il s'approprie le personnage comme le feront plus tard les romantiques pour les grands rôles historiques de leurs drames ou de leurs romans. Mais la réalité humaine de son Auguste est si saisissante que la figure de son héros s'est substituée désormais à celle du personnage de l'histoire et qu'il en a fait pour la postérité le type de l'empereur généreux et libéral. Et pourtant, Sénèque, Tacite, Suétone sont sévères dans leurs jugements sur Auguste, politique retors, impitoyable aussi bien par goût que par calcul, clément ensuite par habileté politique ou peut-être tout simplement par lassitude; à les croire, Auguste a feint plusieurs fois de vouloir abdiquer par intérêt, pour se faire décerner des pouvoirs et des honneurs nouveaux; il a pardonné à Cinna, mais sans aucun doute par politique. Tout autre est le personnage de Corneille, et Napoléon réagit en homme d'État plus qu'en connaisseur de Corneille lorsqu'il attribua aussi un mobile politique à la clémence d'Auguste dans *Cinna* : « Monvel, en jouant devant moi, [...] prononça le *Soyons amis*, Cinna d'un ton si habile et si rusé que je compris que cette action n'était que la feinte d'un tyran, et j'ai approuvé comme calcul ce qui me semblait puéril comme sentiment. » Monvel et Napoléon se trompaient : Auguste est une des plus belles incarnations de l'idéal cornélien, s'il est vrai que l'héroïsme cornélien est un devenir, une conquête de soi-même; le tyran « haï de tous » saura trouver l' « art d'être maître des cœurs ». Comment s'opère cette conversion? Auguste est un dictateur désabusé, las du pouvoir qu'il assume et redoutant la mort. Il a jusque-là accompli son métier de tyran avec les bénéfices de la puissance, certes, mais aussi en exécutant les viles besognes qui font naître la haine, sans chercher dans le pouvoir d'autres satisfactions que pour lui-même et son ambition. Quand il prend conseil de Cinna et de Maxime, deux sentiments l'animent : le dégoût d'un empire qui ne lui apporte aucune joie humaine, et la crainte d'avoir à affronter la mort, comme César sous les coups de Brutus. Ainsi, dans cet aveu d'échec, c'est tout son passé qu'il met en cause, son propre procès qu'il introduit; par la défense hypocrite de la monarchie, Cinna élève cette âme égoïste en lui découvrant les devoirs d'un véritable monarque : l'intérêt de son pays. Auguste se sacrifie : « Mon repos m'est bien cher, mais Rome est la plus forte. » C'est ici, sans doute, qu'Auguste entrevoit de nouvelles raisons de croire en lui, que s'ouvrent de nouvelles perspectives sur le sens à donner à sa vie.

Quand il apprend la conjuration de Cinna, de ce Cinna qu'il aime, il est désemparé et touche le fond de la misère humaine : ce sont des raisons bien graves qui dressent contre son autorité le plus cher de ses intimes. Sous l'effet du choc moral, son passé resurgit, et, avec lucidité et loyauté, pour la première fois, il reconnaît ses erreurs passées, découvrant en Cinna le jeune homme qu'il a été. Avec le sens de la faute s'éveille en lui la conscience : quel est le coupable, et qui faut-il punir? Cinna ou lui-même? Pour qui la mort? L'idée du pardon pour Cinna, du rachat pour lui-même, ne l'effleure pas encore. Livie la lui suggère, et si Auguste la rejette avec hauteur, l'idée fera son chemin, mais en s'épurant : à la lumière de cet examen de conscience, Auguste se dépouille de son égoisme, de son ambition, Octave va mourir en lui; certes le combat est redoutable, et l'orgueil, l'amertume le poussent encore à jouir de son autorité, à humilier Cinna une dernière fois; mais la vérité qu'il a découverte s'impose enfin avec une telle intensité qu'il s'y abandonne tout entier, avec cette recherche d'absolu qui caractérise le héros cornélien et est un des éléments de sa gloire. Après les hésitations, et le conflit intérieur, le geste rédempteur de clémence intervient, un pardon total, aussi pur que le sera pour Polyeucte l'acceptation du martyre. Cet acte d'abnégation et de charité est sans doute l'aboutissement d'un effort de volonté et de réflexion pour se dominer, c'est aussi l'effet d'une illumination comparable à celle de la grâce : « Le ciel m'inspirera ce qu'ici je dois faire », déclarait-il après son entretien avec Livie; le ciel l'inspire, en effet : Auguste, dépouillant le vieil homme, découvre l'amour, sinon celui de Dieu, du moins celui des hommes; sa crise morale et le pardon qui la couronne ont pour lui une valeur rédemptrice, et, avec l'expiation de son passé, il acquiert son équilibre moral et la paix intérieure. On voit comme le personnage, répondant à la résignation triste du jeune Horace, possède déjà le rayonnement de Polyeucte, qui éclaire les âmes de ses adversaires et les contraint à le rejoindre sur les sommets où il s'est placé. L'atavisme chrétien de Corneille transparaît dans son personnage : deux conceptions s'affrontent dans le même homme, l'une païenne, fondée sur la force et les biens de la Terre, l'autre, déjà mystique, teintée du moins de cet humanisme chrétien qui révèle les sources authentiques de la joie.

SITUATION DE « CINNA »

Qu'il y ait dans *Cinna* une allusion à la situation politique de la France en 1642, il paraît difficile de le nier : parallèle entre les grandes familles romaines qui conspirent contre le pouvoir, et les féodaux rebelles à Louis XIII; anarchie politique de la fin de la République romaine et convulsions révolutionnaires qui précédent la Fronde; établissement d'un pouvoir fort, comme celui d'Auguste, comme celui de Richelieu, pour mettre un terme au désordre. Que ces pouvoirs soient ou non légitimes, la question n'est plus de saison : ils sont nécessaires. Reste à savoir s'ils doivent se durcir dans une sévérité qui les menace dangereusement. La leçon de clémence de *Cinna* a donc d'abord une résonance politique : il faut faire aimer et respecter le pouvoir monarchique, à une époque où les complots se multiplient contre Richelieu, son représentant. Mais l'essentiel n'est pas là : les tragédies d'*Horace*, de *Cinna*, de *Polyeucte*, conçues vers la même époque, sont consacrées à la recherche et à la définition d'un idéal héroïque. *Horace* et *Cinna* situent le héros face à l'action, devant les exigences de la raison d'État. *Horace* est la condamnation d'une certaine forme d'héroïsme, aboutissant à une conception totalitaire de l'État et inhumaine de la guerre, débouchant surtout sur la solitude morale du héros : Horace, parvenu au sommet de la gloire, découvre la vanité de ses exploits et désire la mort. *Cinna* est la première réponse à cette fausse idée de l'héroïsme. Corneille y présente, avec le personnage d'Auguste, le héros aux prises avec le pouvoir. Le contexte historique n'est pas négligeable : nous quittons la primitive Rome d'Horace, où la notion du clan se heurtait encore à l'idée de la patrie naissante, pour pénétrer dans la Cité romaine, pourvue d'une administration, d'une juridiction, à une époque de haute civilisation où les élites réfléchissent sur les grands problèmes.

De quel pouvoir s'agit-il et quelle est la meilleure forme de gouvernement ? La longue scène du deuxième acte envisage successivement les avantages et les inconvénients de la démocratie et du pouvoir personnel; mais, plus encore que les théories, l'évolution même d'Auguste au cours de la pièce est la mesure de ce que doivent être les rapports entre l'État et les citoyens. Si Corneille semble prôner le respect du pouvoir établi, même fondé sur l'usurpation, son intention paraît être surtout de définir une monarchie juste, satisfaisant à la fois le souverain et ses sujets. La révolte de Cinna est dirigée contre une forme de pouvoir exécrable : la dictature. Or, sympathiques d'abord pour leur amour de la liberté, Cinna, Émilie, Maxime reconnaissent, devant la générosité d'Auguste, que leurs projets étaient des crimes; ce ne sont pas leurs convictions seulement qui ont évolué, mais le pouvoir qu'ils voulaient abattre. Corneille s'adresse à la fois aux conjurés et au prince : aux premiers, il ne dénie pas le droit à la révolte et reconnaît le bien-fondé de leur colère; au prince, il donne des conseils qui permettront de transformer un pouvoir détesté en un pouvoir respecté. En fin de compte, la monarchie triomphe, et les conjurés, se soumettant avec joie, mettent « toute leur gloire à mourir ses sujets » (vers 1760). Le rôle d'Émilie explique assez fidèlement les intentions de Corneille : l'idéal d'Émilie peut apparaître aux yeux de la raison un faux devoir; mais Émilie n'envisage pas la mort d'Auguste comme un acte de vengeance, mais plutôt comme un acte de justice. Auguste est un monstre : il a assassiné son père, il a fait exécuter des patriotes républicains, il tient encore, au faîte de sa puissance, les Romains asservis; Émilie a soif de justice et de liberté; elle voit comme une imposture la consécration par tout l'univers d'un prince aux mains rouges du sang de ses concitoyens. La vie serait trop absurde si Auguste criminel était Auguste triomphant, si le droit et la vertu étaient sans cesse bafoués, si aucun effort n'était jamais tenté pour établir un ordre juste, débarrassé du mensonge. Il y a en elle beaucoup de fanatisme, beaucoup d'idéalisme aussi : Émilie appartient à cette famille de révolutionnaires généreux dont le cœur est trop pur pour tolérer l'injustice, et ses accents, dans leur excès même, sont déjà ceux des *Châtiments*. Ainsi Corneille, par la bouche d'Émilie, âme du complot républicain, condamne une forme de pouvoir, mais il n'invite pas à recourir aux armes : cette même Émilie, enfin éclairée, accepte une autorité dont l'origine fut sans doute impure, mais qui se légitime par le fait même qu'elle s'exerce.

Mais quelle sera cette monarchie? Auguste a été, jusqu'à la conjuration de Cinna, un tyran; il a conscience de ses cruautés passées, mais il n'en éprouve pas de remords, la crainte seulement d'un effort et de sacrifices inutiles. Et cette puissance tant convoitée devient, en fin de compte, insupportable à celui qui la détient; ainsi le jeune Horace était-il contraint, lui aussi, à reconnaître son échec. L'action ne suffit pas, en effet, si elle n'a de fin qu'en elle-même : Auguste donne l'exemple du dépassement d'un pouvoir fondé sur l'égoïsme et l'ambition; transcender le pouvoir, c'est en cela que *Cinna* répond à *Horace*. Le jeune Horace puise son idéal dans le dévouement aveugle au service d'une cause; si l'approbation du peuple lui donne un instant l'illusion de détenir la vérité, le meurtre de sa sœur montre le caractère dangereux de cette forme de l'action. Dès lors, il ne peut que s'enfermer dans l'idéal étroit de sa gloire, prisonnier de la terrible logique du devoir qui limite son horizon d'homme libre. Horace n'était qu'un soldat, Auguste est un homme d'État, dans une cité organisée, confronté avec un problème beaucoup plus ardu que l'action solitaire au service de la patrie, le gouvernement des hommes. Sans doute Octave a ressemblé à ce qu'était Horace avec sa mystique de l'action, son emprise sur les hommes, son mépris de la vie, mais il est devenu Auguste. La monarchie tyrannique qu'il a instaurée en la faisant reposer sur la force et le sang ne lui apparaît enfin que comme une étape dans la recherche du pouvoir, étape bien fragile, puisque le crime engendre le crime et qu'Auguste tout-puissant est toujours menacé. La volonté de puissance, expression encore primitive de la liberté chez Horace, débouche chez Auguste empereur sur une crise morale, sur le doute; de la volonté de puissance qui fut la sienne lorsqu'il était encore Octave, Auguste s'élève à la volonté d'être, tournée vers le monde de l'esprit. Ainsi s'éclaire le sens de son pardon : la vengeance est, dans la logique du devoir, l'acte d'un Horace, d'un Octave, elle obéit à la raison d'État; le pardon est l'acte de l'esprit, la prise de conscience par Auguste de la signification humaine du pouvoir qu'il détient. L'héroïsme d'Horace était vain parce que solitaire, dangereux parce que, dans sa démesure, il favorisait le culte de la personnalité. L'acte d'Auguste, qui, selon la prophétie de Livie, lui acquiert le respect et l'obéissance de tous, lui découvre l'aspect moral et social du pouvoir, qu'il définit aux dimensions de l'homme. Aucun pouvoir ne se peut construire et maintenir s'il est fondé sur la force et le mépris des hommes : la force appelle la force et le mépris la haine; Auguste en a fait la redoutable expérience. Être au milieu des hommes : les exigences de la raison d'État ne doivent jamais faire oublier à ceux qui gouvernent celles, supérieures, de l'humanité. *Polyeucte* achèvera cette lente conquête de la spiritualité, qui fait éclater dans le monde païen, chez les êtres appelés à de hautes destinées, la lumière de la conscience.

« CINNA » ET NOUS

La pièce a un peu vieilli : abus de rhétorique, longs « discours sous un lustre », vocabulaire trop abstrait, procédés dramatiques souvent laborieux. En outre, la psychologie cornélienne, dans *Cinna*, est assez complexe, parfois peu cohérente. Émilie laisse le spectateur perplexe sur les mobiles réels et la valeur morale de son comportement; le caractère d'Auguste lui-même n'est exempt ni de contradictions ni d'obscurités. Mais, comme ce sera le cas pour *Polyeucte*, ces personnages sont plus accessibles s'ils sont vus dans une optique plus passionnelle que raisonnable.

Malgré ces faiblesses, *Cinna* n'en demeure pas moins l'une des œuvres maîtresses du génie de Corneille : « belle fête oratoire », la tragédie contient quelques-unes de ces formules cornéliennes frappées dans le marbre, et d'amples tirades développant avec aisance et rigueur des débats politiques ou les hésitations d'une âme. De plus, le problème moral de l'homme qui découvre par-delà son intérêt et son ambition les impératifs de sa conscience n'est pas propre à une époque révolue. Le contexte historique, dont l'intérêt d'ailleurs n'est pas négligeable, ne doit pas faire oublier l'aspect toujours actuel de ces « conversions » à un ordre supérieur, celui de l'esprit ou de la charité. Enfin, si l'univers cornélien est devenu étranger à beaucoup d'entre nous, si des personnages comme Auguste ou comme Polyeucte ont souvent tendance à être considérés comme des « types » littéraires, simples témoins d'un siècle, d'une société ou d'un génie, des exemples nombreux cependant montrent que la grandeur n'est pas absente de la vie de nos contemporains, chez les âmes les plus humbles comme chez les plus éclairées. Le besoin d'un certain dépassement n'est-il pas, en définitive, l'une des aspirations, souvent trahie peut-être, mais profondément enracinée dans le cœur des hommes, et en tout cas nécessaire au progrès et à la survie d'une civilisation. Le mérite de Corneille, dans son théâtre, est de nous permettre de prendre conscience de cette vérité avec une éloquence et une fougue qui peuvent parfois être contagieuses.

PETIT LEXIQUE
DE LA LANGUE DE CORNEILLE

Pour comprendre le sens de certains mots de *Cinna*, il faut tenir compte de trois éléments :

1° les exigences du genre tragique; la tragédie du XVII° siècle possède une langue qui lui est propre, dont les principales caractéristiques sont la noblesse, l'importance du vocabulaire psychologique et moral;

2° l'influence de la société de l'époque et de ses conditions de vie : préciosité, galanterie, mais aussi « atmosphère de l'orgueil, de la gloire, de la générosité et du romanesque aristocratiques, telle qu'on la respirait en France pendant le règne de Louis XIII »;

3° l'univers cornélien et la conception du héros cornélien; certains termes reviennent sans cesse, qui sont des mots clés chez Corneille : *gloire, générosité, devoir, honneur, vertu*, etc.

(Les mots suivants sont accompagnés d'une étoile dans le texte.)

Aigrir : Exaspérer, irriter (vers 206, 303, 1213, 1618).

Amant : Celui qui aime et est aimé. Au pluriel, les fiancés (vers 20, 114, 304, 338, 736, 778, 863, 1063, 1348, 1370, 1420, 1570, 1648, 1680, 1688).

Ardeur : Sentiment passionné (vers 62, 147, 176, 245, 343, 366, 723, 927, 1351, 1371, 1728).

Charme : Attrait violent, irrésistible par sa puissance magique (vers 37, 373).

Courage : Cœur (vers 77, 154, 206, 746, 1301, 1406, 1537).

Effet : Réalisation (vers 468, 656, 824, 912, 913, 1309, 1445, 1596).

Étonner : Frapper de stupeur (vers 123, 293, 661, 955, 1662).

Feu : Ardeur d'une passion amoureuse (vers 275, 934, 1660) ou d'une autre passion (vers 752).

Foi : Fidélité à un engagement (vers 907, 1075, 1746).

Fureur : Violent mouvement de l'âme, passion instinctive qui peut aller jusqu'à la démence et la folie (vers 17, 160, 586, 653, 1079, 1150, 1205, 1341, 1607, 1703, 1728).

Gêne, gêner v. intr. Torture, torturer (vers 389, 694, 797, 923).

Généreux : D'une noblesse morale qui va de pair avec la noblesse du sang (vers 50, 164, 318, 748, 852, 875, 969, 976, 1311, 1343, 1539, 1644, 1654, 1774); peut être pris comme nom (vers 479).

Générosité : Grandeur d'âme, qualité des âmes généreuses (vers 1000, 1240, 1412).

Gloire : Sentiment de l'honneur, qui détermine à soutenir sa renommée non seulement auprès des autres, mais aussi vis-à-vis de soi-même (vers 9, 49, 108, 132, 182, 254, 258, 262, 276, 314, 409, 466, 474, 498, 550, 569, 691, 746, 816, 973, 1046, 1066, 1170, 1309, 1398, 1417, 1473, 1527, 1641, 1647, 1690, 1760).

Maîtresse : La personne aimée que l'on recherche en mariage (vers 150, 721, 732, 738, 849, 870, 1362, 1402, 1689).

Mouvement : Sentiment (vers 19, 492, 1271).

Séduire : Entraîner hors du droit chemin (vers 4, 1095, 1622, 1625, 1694).

Soin : Souci, préoccupation (vers 47, 129, 274, 1327, 1471, 1630).

Succès : Issue heureuse ou malheureuse (vers 253, 261, 727, 1580, 1685).

Transports : Manifestation d'une émotion violente (vers 15, 1569).

Vertu : Énergie morale, courage. Au pluriel : qualités morales (sens moderne) [vers 132, 312, 418, 444, 466, 478, 488, 684, 833, 866, 969, 977, 978, 1042, 1242, 1244, 1248, 1292, 1300, 1314, 1345, 1357, 1375, 1394, 1416, 1524, 1682, 1731, 1745].

LIVIE, FEMME D'AUGUSTE
Statue romaine du musée du Louvre.

STATUE D'AUGUSTE DITE « DE PRIMA PORTA »

Musée du Vatican, Rome.

DÉDICACE

A MONSIEUR DE MONTORON [1]
(1643)

MONSIEUR,

Je vous présente un tableau d'une des plus belles actions d'Auguste. Ce monarque était tout généreux*, et sa générosité n'a jamais paru avec tant d'éclat que dans les effets de sa clémence et de sa libéralité. Ces deux rares vertus lui étaient si naturelles et si inséparables en lui, qu'il semble qu'en cette histoire que j'ai mise sur notre théâtre, elles se soient tour à tour entre-produites dans son âme. Il avait été si libéral envers Cinna, que sa conjuration ayant fait voir une ingratitude extraordinaire, il eut besoin d'un extraordinaire effort de clémence pour lui pardonner; et le pardon qu'il lui donna fut la source des nouveaux bienfaits dont il lui fut prodigue, pour vaincre tout à fait cet esprit qui n'avait pu être gagné par les premiers; de sorte qu'il est vrai de dire qu'il eût été moins clément envers lui s'il eût été moins libéral, et qu'il eût été moins libéral s'il eût été moins clément. Cela étant, à qui pourrais-je plus justement donner le portrait de l'une de ces héroïques vertus, qu'à celui qui possède l'autre en un si haut degré, puisque, dans cette action, ce grand prince les a si bien attachées et comme unies l'une à l'autre, qu'elles ont été tout ensemble et la cause et l'effet l'une de l'autre? Vous avez des richesses, mais vous savez en jouir, et vous en jouissez d'une façon si noble, si relevée, et tellement illustre, que vous forcez la voix publique d'avouer que la fortune a consulté la raison quand elle a répandu ses faveurs sur vous, et qu'on a plus de sujet de vous en souhaiter le redoublement que de vous en envier l'abondance. J'ai vécu si éloigné de la flatterie, que je pense être en possession [2] de me faire croire quand je dis du bien de quelqu'un; et lorsque je donne des louanges (ce qui m'arrive assez rarement), c'est avec tant de retenue, que je supprime toujours quantité de glorieuses vérités, pour ne me rendre pas suspect d'étaler de ces mensonges obligeants que beaucoup de nos modernes savent débiter de si bonne grâce. Aussi je ne dirai rien des avantages de votre naissance, ni de votre courage, qui l'a si dignement soutenue dans la profession des armes [3], à qui vous avez

---

1. Sur ce personnage et cette dédicace, voir Notice « Représentation de la pièce », p. 10; 2. *Être en possession* : en droit; 3. Corneille exagère : Montoron a seulement servi quelque temps dans le régiment des gardes.

donné vos premières années : ce sont des choses trop connues de tout le monde. Je ne dirai rien de ce prompt et puissant secours que reçoivent chaque jour de votre main tant de bonnes familles, ruinées par les désordres de nos guerres : ce sont des choses que vous voulez tenir cachées. Je dirai seulement un mot de ce que vous avez particulièrement de commun avec Auguste : c'est que cette générosité qui compose la meilleure partie de votre âme et règne sur l'autre, et qu'à juste titre on peut nommer l'âme de votre âme, puisqu'elle en fait mouvoir toutes les puissances ; c'est, dis-je, que cette générosité, à l'exemple de ce grand empereur, prend plaisir à s'étendre sur les gens de lettres, en un temps où beaucoup pensent avoir trop récompensé leurs travaux quand ils les ont honorés d'une louange stérile[1]. Et certes, vous avez traité quelques-unes de nos muses avec tant de magnanimité, qu'en elles vous avez obligé toutes les autres, et qu'il n'en est point qui ne vous en doive un remercîment. Trouvez donc bon, Monsieur, que je m'acquitte de celui que je reconnais vous en devoir, par le présent que je vous fais de ce poème, que j'ai choisi comme le plus durable des miens, pour apprendre plus longtemps à ceux qui le liront que le généreux Monsieur de Montoron, par une libéralité inouïe en ce siècle, s'est rendu toutes les muses redevables, et que je prends tant de part aux bienfaits dont vous avez surpris quelques-unes d'elles que je m'en dirai toute ma vie,

MONSIEUR,

Votre très humble et très obligé serviteur,

CORNEILLE.

_____

1. Allusion discrète à la parcimonie de Louis XIII.

Corneille plaça en tête de l'édition originale de Cinna *ce passage des* Essais, *où Montaigne traduit à peu près littéralement un passage du* De clementia *de Sénèque.*

MONTAIGNE

Livre premier de ses *Essais*, chapitre XXIII.

L'empereur Auguste, estant en la Gaule, receut certain advertissement d'une coniuration que luy brassoit L. Cinna : il delibera de s'en venger, et manda pour cet effect au lendemain le conseil de ses amis. Mais la nuict d'entre deux, il la passa avecques grande inquietude, considérant qu'il avoit à faire mourir un ieune homme de bonne maison et nepveu[1] du grand Pompeius, et produisoit en se plaignant plusieurs divers discours : « Quoy doncques, disoit il, sera il vray que ie demeureray en crainte et en alarme, et que ie lairray mon meurtrier se promener ce pendant à son ayse ? S'en ira il quitte, ayant assailly ma teste, que i'ay sauvee de tant de guerres civiles, de tant de batailles par mer et par terre, et aprez avoir estably la paix universelle du monde ? sera il absoult, ayant deliberé non de me meurtrir seulement, mais de me sacrifier ? » car la coniuration estoit faicte de le tuer comme il feroit quelque sacrifice. Aprez cela, s'estant tenu coy quelque espace de temps, il recommenceoit d'une voix plus forte, et s'en prenoit à soy mesme : « Pourquoy vis tu, s'il importe à tant de gents que tu meures ? N'y aura il point de fin à tes vengeances et à tes cruautez ? Ta vie vault elle que tant de dommage se face pour la conserver ? » Livia, sa femme, le sentant en ces angoisses : « Et les conseils des femmes y seront ils receus ? lui dict elle : fay ce que font les medecins ; quant les receptes accoustumees ne peuvent servir, ils en essayent de contraires. Par severité, tu n'as iusques à cette heure rien proufité : Lepidus a suyvi Salvidienus ; Murena, Lepidus ; Caepio, Murena ; Egnatius, Caepio : commence à experimenter comment te succederont la doulceur et la clemence. Cinna est convaincu, pardonne-luy ; de te nuire desormais, il ne pourra, et proufitera à ta gloire. » Auguste feut bien ayse d'avoir trouvé un advocat de son humeur ; et ayant remercié sa femme, et contremandé ses amis qu'il avoit assignez au conseil, commanda qu'on feist venir à luy Cinna tout seul ; et ayant faict sortir tout le monde de sa chambre, et faict donner un siege à Cinna, il luy parla en cette manière : « En premier lieu, ie te demande, Cinna, paisible audience ; n'interromps pas mon

---

1. *Nepveu* : petit-fils (sens du latin *nepos*).

parler : ie te donray temps et loisir d'y respondre. Tu sçais, Cinna,
que t'ayant prins au camp de mes ennemis, non seulement t'estant faict mon ennemy, mais estant nay tel, ie te sauvay, ie te meis
entre mains touts tes biens, et t'ai enfin rendu si accommodé et si
aysé, que les victorieux sont envieux de la condition du vaincu :
l'office du sacerdoce que tu me demandas, ie te l'octroyay, l'ayant
refusé à d'aultres, desquels les peres avoyent tousiours combattu
avecques moy. T'ayant si fort obligé, tu as entreprins de me tuer. »
A quoy Cinna s'estant escrié qu'il estoit bien esloingné d'une si
meschante pensee : « Tu ne me tiens pas, Cinna, ce que tu m'avois
promis, suyvit Auguste; tu m'avois assuré que ie ne seroys pas
interrompu. Ouy, tu as entreprins de me tuer en tel lieu, tel iour,
en telle compaignie, et de telle façon. » Et le veoyant transi de ces
nouvelles, et en silence, non plus pour tenir le marché de se taire,
mais de la presse de sa conscience : « Pourquoy, adiousta il, le
fais-tu ? Est ce pour estre empereur ? Vrayement il va bien mal à la
chose publicque, s'il n'y a que moy qui t'empesche d'arriver à
l'empire. Tu ne peulx pas seulement deffendre ta maison, et perdis
dernierement un procez par la faveur d'un simple libertin[1]. Quoy!
n'as tu pas moyen ny pouvoir en aultre chose qu'à entreprendre
Cesar ? Ie le quitte, s'il n'y a que moy qui empesche tes esperances.
Penses tu que Paulus, que Fabius, que les Cosseens et Serviliens
te souffrent, et une si grande troupe de nobles, non seulement
nobles de nom, mais qui par leur vertu honorent leur noblesse ? »
Aprez plusieurs aultres propos (car il parla à luy plus de deux
heures entieres) : « Or va, luy dict il, ie te donne, Cinna, la vie à
traistre et à parricide, que ie te donnay aultrefois à ennemy; que
l'amitié commence de ce iourd'huy entre nous; essayons qui de
nous deux de meilleure foy, moy t'aye donné ta vie, ou tu l'ayes
receue. » Et se despartit d'avecques luy en cette maniere. Quelque
temps aprez, il luy donna le consulat, se plaignant de quoy il ne
luy avoit osé demander. Il l'eut depuis pour fort amy, et feut seul
faict par luy héritier de ses biens. Or depuis cet accident, qui
adveint à Auguste au quarantiesme an de son aage, il n'y eut iamais
de coniuration ny d'entreprinse contre luy, et receut une iuste
recompense de cette sienne clemence.

---

1. *Libertin :* traduction du latin *libertinus*, affranchi, fils d'affranchi.

PERSONNAGES[1]

OCTAVE-CÉSAR AUGUSTE   empereur de Rome.

LIVIE   impératrice.

CINNA   fils d'une fille de Pompée, chef de la conjuration contre Auguste.

MAXIME   autre chef de la conjuration.

ÉMILIE   fille de C. Toranius, tuteur d'Auguste, et proscrit par lui durant le triumvirat.

FULVIE   confidente d'Émilie.

POLYCLÈTE   affranchi d'Auguste.

ÉVANDRE   affranchi de Cinna.

EUPHORBE   affranchi de Maxime.

La scène est à Rome[2].

---

1. On a peu de renseignements sur les premiers interprètes de la tragédie, on croit seulement que Bellerose, chef de troupe à l'Hôtel de Bourgogne, prit le rôle de Cinna quand la pièce passa à son théâtre; 2. Dans le palais d'Auguste, mais l'action se déroule tantôt dans l'appartement d'Émilie, tantôt dans celui d'Auguste (voir Notice, p. 16). L'action se situe en 6 avant J.-C.

CINNA

ACTE PREMIER

Dans l'appartement d'Émilie.

SCÈNE PREMIÈRE. — ÉMILIE

Impatients désirs d'une illustre vengeance
Dont la mort de mon père a formé la naissance,
Enfants impétueux de mon ressentiment,
Que ma douleur séduite[1]* embrasse aveuglément,
5 Vous prenez sur mon âme un trop puissant empire :
Durant quelques moments souffrez que je respire,
Et que je considère, en l'état où je suis,
Et ce que je hasarde et ce que je poursuis[2].
Quand je regarde Auguste au milieu de sa gloire*,
10 Et que vous reprochez[3] à ma triste mémoire
Que par sa propre main mon père massacré[4]
Du trône[5] où je le vois fait le premier degré ;
Quand vous me présentez cette sanglante image,
La cause de ma haine, et l'effet de sa rage,
15 Je m'abandonne toute à vos ardents transports*,
Et crois, pour une mort, lui devoir mille morts.

---

1. *Séduite* : égarée ; 2. Qui j'expose à des hasards (Cinna), qui je poursuis (Auguste) ; 3. *Reprocher* : rappeler en accusant d'avoir oublié ; 4. *Mon père massacré* : le massacre de mon père (latinisme) ; 5. Auguste n'était pas roi, et il n'avait ni trône ni couronne, mais le XVIIᵉ siècle se le représentait comme un roi moderne.

--- **QUESTIONS** ---

● Vers 1-9. « M. Despréaux trouvait, dans ces paroles, une généalogie : des *impatients désirs* d'une *illustre vengeance*, qui étaient les *enfants impétueux* d'un noble *ressentiment* et qui étaient embrasés par une *douleur séduite*. Les personnes considérables qui parlent avec passion dans une tragédie doivent parler avec noblesse et vivacité ; mais on parle naturellement et sans ces tours si façonnés quand la passion parle. » (Fénelon, *Lettre à l'Académie*.) Pouvez-vous défendre ces expressions contre la critique de Boileau ? contre celle de Fénelon ?

Au milieu toutefois d'une fureur★ si juste,
J'aime encor plus Cinna que je ne hais Auguste,
Et je sens refroidir ce bouillant mouvement★
20 Quand il faut, pour le suivre, exposer mon amant★.
Oui, Cinna, contre moi moi-même je m'irrite
Quand je songe aux dangers où je te précipite.
Quoique pour me servir tu n'appréhendes rien,
Te demander du sang, c'est exposer le tien :
25 D'une aussi haute place on n'abat point de têtes[1]
Sans attirer sur soi mille et mille tempêtes;
L'issue en[2] est douteuse, et le péril certain :
Un ami déloyal peut trahir ton dessein;
L'ordre[3] mal concerté, l'occasion mal prise,
30 Peuvent sur son auteur renverser l'entreprise,
Tourner sur toi les coups dont tu le veux frapper[4];
Dans sa ruine même il peut t'envelopper;
Et quoi qu'en ma faveur ton amour exécute,
Il te peut, en tombant, écraser sous sa chute.
35 Ah! cesse de courir à ce mortel danger :
Te perdre en me vengeant, ce n'est pas me venger.
Un cœur est trop cruel quand il trouve des charmes★
Aux douceurs que corrompt l'amertume des larmes;
Et l'on doit mettre au rang des plus cuisants malheurs
40 La mort d'un ennemi qui coûte tant de pleurs.
Mais peut-on en verser alors qu'on venge un père?
Est-il perte à ce prix qui ne semble légère?
Et quand son assassin tombe sous notre effort,
Doit-on considérer ce que coûte sa mort?
45 Cessez, vaines frayeurs, cessez, lâches tendresses,
De jeter dans mon cœur vos indignes faiblesses;
Et toi qui les produis par tes soins★ superflus,
Amour, sers mon devoir, et ne le combats plus :
Lui céder, c'est ta gloire★, et le vaincre, ta honte;

---

1. On ne fait point tomber de têtes si haut placées; 2. *En* : d'une telle tentative;
3. *L'ordre* : le plan; 4. Dont tu veux frapper Auguste.

--- QUESTIONS ---

● Vers 9-24. Quelle est la première image que nous avons d'Émilie?
● Vers 25-40. L'importance de ces vers pour placer le spectateur dans le climat de conspiration qui sera celui de la tragédie. Les appréhensions d'Émilie seront-elles justifiées par les faits?

50 Montre-toi généreux★, souffrant[1] qu'il te surmonte ;
Plus tu lui donneras, plus il va te donner,
Et ne triomphera que pour te couronner.

Scène II. — ÉMILIE, FULVIE

ÉMILIE

Je l'ai juré, Fulvie, et je le jure encore,
Quoique j'aime Cinna, quoique mon cœur l'adore,
55 S'il me veut posséder, Auguste doit périr :
Sa tête est le seul prix dont[2] il peut m'acquérir.
Je lui prescris la loi que mon devoir m'impose.

FULVIE

Elle a pour la blâmer[3] une trop juste cause :
Par un si grand dessein vous vous faites juger
60 Digne sang de celui que vous voulez venger ;
Mais encore une fois souffrez que je vous die[4]
Qu'une si juste ardeur★ devrait être attiédie.
Auguste, chaque jour, à force de bienfaits,
Semble assez réparer les maux qu'il vous a faits ;
65 Sa faveur envers vous paraît si déclarée
Que vous êtes chez lui la plus considérée ;
Et de ses courtisans souvent les plus heureux
Vous pressent à genoux de lui parler pour eux.

---

1. *Souffrant :* en souffrant; 2. *Dont :* par lequel. Emploi résultant de la syntaxe assez souple de la préposition *de ;* tournure usuelle au XVIIᵉ siècle; 3. *Pour la blâmer :* pour qu'on la blâme; 4. *Die :* dise, ancienne forme du subjonctif présent encore usitée en poésie au XVIIᵉ siècle.

--- **QUESTIONS** ---

● Vers 41-52. Comment se résout, dans ce troisième mouvement du monologue, le conflit qui agite Émilie ? Expliquez en particulier le v. 48, en comparant Émilie avec d'autres personnages cornéliens. Y avait-il une autre solution pour elle ?

■ Sur l'ensemble de la scène première. — Étudiez la composition du monologue, sa structure logique.
— « Plusieurs actrices, dit Voltaire, ont supprimé le monologue dans les représentations. Le public même paraissait souhaiter ce retranchement. On y trouvait de l'amplification. Cependant j'étais si touché des beautés répandues dans cette première scène que j'engageai l'actrice qui jouait Émilie (Mˡˡᵉ Clairon) à la remettre au théâtre. » Voltaire a-t-il eu raison ? Ce monologue vous paraît-il nécessaire ? — Comparez cette « entrée » d'Émilie à celle de Cléopâtre, dans *Rodogune* (acte II, scène première). — Dans son *Discours sur le poème dramatique*, Corneille se loue de ce que le monologue sert à l'*exposition des faits* par l'*exposition des sentiments* du personnage. Le monologue d'Émilie répond-il bien à cette intention ?

ÉMILIE

Toute cette faveur ne me rend pas mon père;
70 Et de quelque façon que l'on me considère,
Abondante en richesse, ou puissante en crédit,
Je demeure toujours la fille d'un proscrit.
Les bienfaits ne font pas toujours ce que tu penses;
D'¹une main odieuse ils tiennent lieu d'offenses :
75 Plus nous en prodiguons à qui nous peut² haïr,
Plus d'armes nous donnons à qui nous veut trahir.
Il m'en³ fait chaque jour sans changer mon courage*;
Je suis ce que j'étais, et je puis davantage,
Et des mêmes présents qu'il verse dans mes mains
80 J'achète contre lui les esprits des Romains;
Je recevrais de lui la place de Livie
Comme un moyen plus sûr d'attenter à sa vie.
Pour qui venge son père il n'est point de forfaits,
Et c'est vendre son sang⁴ que se rendre aux bienfaits⁵.

FULVIE

85 Quel besoin toutefois de passer pour ingrate?
Ne pouvez-vous haïr sans que la haine éclate?
Assez d'autres sans vous n'ont pas mis en oubli
Par quelles cruautés son trône est établi :
Tant de braves Romains, tant d'illustres victimes,
90 Qu'à son ambition ont immolé ses crimes,
Laissent à leurs enfants d'assez vives douleurs
Pour venger votre perte⁶ en vengeant leurs malheurs.
Beaucoup l'ont entrepris, mille autres vont les suivre :
Qui vit haï de tous ne saurait longtemps vivre.

---

1. *De* : venant de; 2. *Pouvoir* : ici, être en droit de; 3. *En* : des bienfaits; 4. *Vendre son sang* : trahir sa famille; 5. *Se rendre aux bienfaits* : s'avouer vaincu par les bienfaits; 6. *Pour venger votre perte* : pour qu'ils vengent.

● **QUESTIONS** ━━━━━━━━━━

● VERS 53-68. Dès les premières répliques, voit-on dans quel genre de dialogue on s'engage? Les révélations de Fulvie sur les bienfaits d'Auguste ne changent-elles pas, aux yeux du spectateur, les données du problème?

● VERS 69-72. L'ironie de ces vers. Relevez dans la scène d'autres répliques brusques et familières comme celles-ci.

● VERS 73-84. Comment Émilie se justifie-t-elle? Quelle est l'importance du v. 75? — Rapprochez le v. 84 du v. 417 du *Cid* et soulignez-en la portée différente.

95 Remettez à leurs bras les communs intérêts,
Et n'aidez leurs desseins que par des vœux secrets.

ÉMILIE

Quoi ? Je le haïrai sans tâcher de lui nuire ?
J'attendrai du hasard qu'il ose le détruire ?
Et je satisferai des devoirs si pressants
100 Par une haine obscure et des vœux impuissants ?
Sa perte, que je veux, me deviendrait amère,
Si quelqu'un l'immolait à d'autres qu'à mon père ;
Et tu verrais mes pleurs couler pour son trépas,
Qui, le faisant périr, ne me vengerait pas[1].
105 C'est une lâcheté que de remettre à d'autres
Les intérêts publics qui s'attachent aux nôtres[2].
Joignons à la douceur de venger nos parents
La gloire qu'on remporte à punir les tyrans,
Et faisons publier par toute l'Italie :
110 « La liberté de Rome est l'œuvre d'Émilie ;
On a touché son âme, et son cœur s'est épris ;
Mais elle n'a donné son amour qu'à ce prix. »

FULVIE

Votre amour à ce prix n'est qu'un présent funeste
Qui porte[3] à votre amant* sa perte manifeste.
115 Pensez mieux, Émilie, à quoi vous l'exposez,
Combien à cet écueil se sont déjà brisés ;
Ne vous aveuglez point quand sa mort est visible.

ÉMILIE

Ah ! tu sais me frapper par où je suis sensible.

---

1. Si, en le faisant périr, il ne me vengeait pas ; 2. Sont liés avec les nôtres ;
3. *Porter :* apporter.

 QUESTIONS

● Vers 85-96. Le conseil donné par Fulvie peut-il convaincre Émilie ?
● Vers 97-112. Quels sont les trois sentiments qui s'unissent pour
confirmer Émilie dans sa volonté ? — Citez les vers qui sont les plus
caractéristiques de son exaltation et de son orgueil. — Comparez les
v. 101-104 aux paroles d'Hermione dans *Andromaque* (IV, IV) : « ... Ma
vengeance est perdue | S'il ignore en mourant que c'est moi qui le tue. »
Quelle est, des deux jeunes filles, celle dont la passion vous paraît la
plus émouvante ?
● Vers 113-117. Quelles raisons fait valoir Fulvie pour dissuader sa
maîtresse ? Émilie n'a-t-elle pas déjà songé à ce danger ?

Quand je songe aux dangers que je lui fais courir,
120 La crainte de sa mort me fait déjà mourir ;
Mon esprit en désordre à soi-même s'oppose :
Je veux et ne veux pas, je m'emporte et je n'ose ;
Et mon devoir confus, languissant, étonné*,
Cède aux rébellions de mon cœur mutiné.

125 Tout beau[1], ma passion, deviens un peu moins forte ;
Tu vois bien des hasards, ils sont grands, mais n'importe :
Cinna n'est pas perdu pour être hasardé[2].
De quelques légions qu'Auguste soit gardé,
Quelque soin* qu'il se donne et quelque ordre qu'il
[tienne,
130 Qui méprise sa vie est maître de la sienne[3] ;
Plus le péril est grand, plus doux en est le fruit ;
La vertu* nous y jette, et la gloire* le suit.
Quoi qu'il en soit, qu'Auguste ou que Cinna périsse,
Aux mânes paternels je dois ce sacrifice[4],
135 Cinna me l'a promis en recevant ma foi,
Et ce coup seul aussi le rend digne de moi.
Il est tard, après tout, de m'en vouloir dédire.
Aujourd'hui l'on s'assemble, aujourd'hui l'on conspire ;
L'heure, le lieu, le bras se choisit[5] aujourd'hui,
140 Et c'est à faire enfin à mourir après lui[6].

Scène III. — CINNA, ÉMILIE, FULVIE

ÉMILIE

Mais le voici qui vient. Cinna, votre assemblée
Par l'effroi du péril n'est-elle point troublée ?

---

1. *Tout beau* : doucement, expression qui fait encore partie du langage noble ;
2. *Hasardé* : parce qu'il est exposé à des hasards, à des périls (voir v. 8) ; 3. *La sienne* : de la vie d'Auguste ; 4. La mort d'Auguste ; 5. *Se choisit* : au singulier, parce que ne s'accordant qu'avec le sujet le plus rapproché ; 6. Il ne me reste plus, s'il échoue, qu'à mourir après lui.

--- **QUESTIONS** ---

● VERS 118-140. Quelles sont les réactions d'Émilie ? Comparez cette tirade au monologue de la scène première. — L'importance des derniers vers pour l'action.

■ SUR L'ENSEMBLE DE LA SCÈNE II. — Qu'est-ce que cette scène ajoute à la précédente ; 1° quant à la décision d'Émilie ; 2° quant aux titres d'Auguste à sa reconnaissance ?
 — Résumez les arguments de Fulvie et les réponses d'Émilie.
 — Quels sont les traits dominants du caractère d'Émilie ?

Phot. Chevallier.

LE PALATIN VU DU FORUM

Les ruines de la maison d'Auguste et de Livie se trouvent sur le mont Palatin.

Et reconnaissez-vous au front de vos amis
Qu'ils soient prêts à tenir ce qu'ils vous ont promis ?

CINNA

145 Jamais contre un tyran entreprise conçue
Ne permit d'espérer une si belle issue;
Jamais de[1] telle ardeur★ on n'en jura la mort,
Et jamais conjurés ne furent mieux d'accord;
Tous s'y montrent portés avec tant d'allégresse
150 Qu'ils semblent, comme moi, servir une maîtresse★;
Et tous font éclater un si puissant courroux
Qu'ils semblent tous venger un père comme vous.

ÉMILIE

Je l'avais bien prévu, que, pour un tel ouvrage,
Cinna saurait choisir des hommes de courage★
155 Et ne remettrait pas en de mauvaises mains
L'intérêt d'Émilie et celui des Romains.

CINNA

Plût aux dieux que vous-même eussiez vu de quel zèle
Cette troupe entreprend une action si belle!
Au seul nom de César, d'Auguste, et d'empereur,
160 Vous eussiez vu leurs yeux s'enflammer de fureur★,
Et dans un même instant, par un effet contraire,
Leur front pâlir d'horreur et rougir de colère.
« Amis, leur ai-je dit, voici le jour heureux
Qui doit conclure enfin nos desseins généreux★ :
165 Le ciel entre nos mains a mis le sort de Rome,
Et son salut dépend de la perte d'un homme,
Si l'on doit le nom d'homme à qui n'a rien d'humain,
A ce tigre altéré de tout le sang romain.
Combien pour le répandre a-t-il formé de brigues!
170 Combien de fois changé de partis et de ligues,
Tantôt ami d'Antoine, et tantôt ennemi[2],

---

1. *De :* avec; 2. Après avoir marché contre Antoine dans la guerre de Modène, Octave forme avec lui et Lépide le second triumvirat (43 av. J.-C.). Octave et Antoine battent, à Philippes, les meurtriers de César (42). Pendant qu'Antoine est en Égypte auprès de Cléopâtre, Octave chasse de Rome son frère Antonius, consul, le cerne dans Pérouse et le contraint par la famine à capituler. Réconciliés peu après, Octave et Antoine finissent par rompre et se battre à Actium (31).

— QUESTIONS —

● Vers 141-156. Où se trouvait Cinna pendant le début de la tragédie ? Peut-on mieux comprendre maintenant l'exaltation et l'impatience d'Émilie ? Comment se manifeste le parfait accord d'Émilie et de Cinna ?

Et jamais insolent ni cruel à demi ! »
Là, par un long récit de toutes les misères
Que durant notre enfance ont enduré[1] nos pères,
175 Renouvelant leur haine avec leur souvenir,
Je redouble en leurs cœurs l'ardeur* de le punir.
Je leur fais des tableaux de ces tristes batailles
Où Rome par ses mains déchirait ses entrailles,
Où l'aigle abattait l'aigle, et de chaque côté
180 Nos légions s'armaient contre leur liberté;
Où les meilleurs soldats et les chefs les plus braves
Mettaient toute leur gloire* à devenir esclaves;
Où, pour mieux assurer la honte de leurs fers,
Tous voulaient à leur chaîne attacher l'univers;
185 Et l'exécrable honneur de lui donner un maître
Faisant aimer à tous l'infâme nom de traître,
Romains contre Romains, parents contre parents,
Combattaient seulement pour le choix des tyrans.
    J'ajoute à ces tableaux la peinture effroyable
190 De leur concorde impie, affreuse, inexorable,
Funeste aux gens de bien, aux riches, au sénat,
Et pour tout dire enfin, de leur triumvirat;
Mais je ne trouve point de couleurs assez noires
Pour en représenter les tragiques histoires.
195 Je les peins dans le meurtre à l'envi triomphants,
Rome entière noyée au sang de ses enfants;
Les uns assassinés dans les places publiques,
Les autres dans le sein de leurs dieux domestiques[2];
Le méchant par le prix au crime encouragé;
200 Le mari par sa femme en son lit égorgé;
Le fils tout dégouttant du meurtre de son père,
Et sa tête à la main demandant son salaire,

---

1. *Enduré* : Les grammairiens du XVIIᵉ siècle admettaient que le participe, dans cet emploi, restât invariable lorsqu'il était suivi d'autres mots et notamment « quand le verbe précède son nominatif » (voir v. 90.); 2. *Domestiques* : protecteurs du foyer.

────── **QUESTIONS** ──────

● Vers 163-172. Pourquoi Cinna rappelle-t-il ici textuellement les propos qu'il a tenus ? Montrez l'intérêt de cette citation : *a)* au point de vue de la structure littéraire du récit; *b)* au point de vue psychologique.
● Vers 177-188. Le mouvement de cette longue phrase. — Quel vocabulaire et quelles images sont utilisés pour faire le tableau des guerres civiles ? Quelle impression s'en dégage ?

Sans pouvoir exprimer¹ par tant d'horribles traits
Qu'un crayon imparfait² de leur sanglante paix.

205   Vous dirai-je les noms de ces grands personnages
Dont j'ai dépeint les morts pour aigrir★ les courages★,
De ces fameux proscrits, ces demi-dieux mortels,
Qu'on a sacrifiés jusque sur les autels ?
Mais pourrais-je vous dire à quelle impatience,
210 À quels frémissements, à quelle violence,
Ces indignes trépas, quoique mal figurés,
Ont porté les esprits de tous nos conjurés ?
Je n'ai point perdu temps, et, voyant leur colère
Au point de ne rien craindre, en état de tout faire,
215 J'ajoute en peu de mots : « Toutes ces cruautés,
La perte de nos biens et de nos libertés,
Le ravage des champs, le pillage des villes,
Et les proscriptions, et les guerres civiles,
Sont les degrés sanglants dont Auguste a fait choix
220 Pour monter dans le trône³ et nous donner des lois.
Mais nous pouvons changer un destin si funeste,
Puisque de trois tyrans c'est le seul qui nous reste,
Et que juste une fois il s'est privé d'appui,
Perdant, pour régner seul, deux méchants comme lui⁴.
225 Lui mort, nous n'avons point de vengeur⁵ ni de maître ;
Avec la liberté Rome s'en va renaître ;
Et nous mériterons le nom de vrais Romains,
Si le joug qui l'accable est brisé par nos mains.
Prenons l'occasion tandis qu'elle est propice :
230 Demain au Capitole il fait un sacrifice ;
Qu'il en soit la victime, et faisons en ces lieux
Justice à tout le monde, à la face des dieux :
Là presque pour sa suite il n'a que notre troupe⁶ ;

---

1. *Exprimer* : représenter ; 2. *Un crayon imparfait* : une esquisse ; 3. *Dans le trône* : ce mot désignait tout l'édifice dont le siège royal n'était qu'une partie (voir v. 12) ; 4. Marc Antoine et Lépide : celui-ci ne périt pas, mais Auguste l'exclut du pouvoir ; 5. Personne qui le venge sur nous ; 6. Il n'a, pour l'escorter, presque que notre troupe.

─────── **QUESTIONS** ───────

● Vers 189-204. Quelles raisons poussent Cinna à évoquer ces horreurs : *a)* devant les conjurés ; *b)* devant Émilie ?
● Vers 205-215. Ne vous semble-t-il pas que Cinna est moins ému qu'il ne veut paraître et que son éloquence, très lucide, est davantage celle d'un rhéteur que celle d'un conjuré ?

C'est de ma main qu'il prend et l'encens et la coupe[1],
235 Et je veux pour signal que cette même main
Lui donne, au lieu d'encens, d'un poignard dans le sein.
Ainsi d'un coup mortel la victime frappée
Fera voir si je suis du sang du grand Pompée[2];
Faites voir après moi si vous vous souvenez
240 Des illustres aïeux de qui vous êtes nés. »
A peine ai-je achevé que chacun renouvelle,
Par un noble serment, le vœu d'être fidèle :
L'occasion leur plaît; mais chacun veut pour soi
L'honneur du premier coup, que j'ai choisi pour moi.
245 La raison règle enfin l'ardeur⋆ qui les emporte :
Maxime et la moitié s'assurent de la porte;
L'autre moitié me suit, et doit l'environner,
Prête au moindre signal que je voudrai donner.
     Voilà, belle Émilie, à quel point nous en sommes.
250 Demain j'attends la haine ou la faveur des hommes,
Le nom de parricide[3] ou de libérateur,
César celui de prince ou d'un usurpateur.
Du succès⋆ qu'on obtient contre la tyrannie
Dépend ou notre gloire⋆ ou notre ignominie;
255 Et le peuple, inégal[4] à l'endroit des tyrans,
S'il les déteste morts, les adore vivants.
Pour moi, soit que le ciel me soit dur ou propice,
Qu'il m'élève à la gloire⋆ ou me livre au supplice,
Que Rome se déclare ou pour ou contre nous,
260 Mourant[1] pour vous servir, tout me semblera doux.

---

1. Cinna avait reçu le sacerdoce de la faveur d'Auguste; 2. Cinna était, par sa mère, petit-fils de Pompée; 3. *Parricide* : se disait, au XVIIe siècle, de tout crime contre un parent, un roi ou la patrie; 4. *Inégal* : inconstant.

─────── QUESTIONS ───────

● Vers 215-240. Pourquoi Cinna a-t-il de nouveau recours au style direct? Quels passages de sa harangue a-t-il cités? Tirez-en une conclusion sur la composition de son récit. — Étudiez les arguments de Cinna, les sentiments qu'il exalte chez les conjurés, les procédés oratoires.
● Vers 157-240. La composition de l'ensemble du récit; montrez-en la variété du ton et le caractère dramatique. — Corneille estime que ce récit est « plutôt un ornement qui chatouille l'esprit des spectateurs qu'une instruction nécessaire de particularités qu'ils doivent savoir [...] pour l'intelligence de la suite ». Suffirait-il que Cinna « dît tout simplement que les conjurés sont prêts pour le lendemain »? — Montrez que l'inspiration épique entre avec ce récit dans la tragédie. Comment apparaît la conjuration, après cette déclaration de Cinna?

ÉMILIE

Ne crains point de succès* qui souille ta mémoire :
Le bon et le mauvais sont égaux pour ta gloire*;
Et, dans un tel dessein, le manque de bonheur
Met en péril ta vie, et non pas ton honneur.
265 Regarde le malheur de Brute et de Cassie[2],
La splendeur de leurs noms en est-elle obscurcie ?
Sont-ils morts tout entiers avec leurs grands desseins ?
Ne les compte-t-on plus pour les derniers Romains ?
Leur mémoire dans Rome est encor précieuse,
270 Autant que de César la vie est odieuse;
Si leur vainqueur y règne, ils y sont regrettés,
Et par les vœux de tous leurs pareils souhaités.
    Va marcher sur leurs pas où l'honneur te convie :
Mais ne perds pas le soin* de conserver ta vie;
275 Souviens-toi du beau feu* dont nous sommes épris,
Qu'aussi bien que la gloire* Émilie est ton prix,
Que tu me dois ton cœur, que mes faveurs t'attendent,
Que tes jours me sont chers, que les miens en dépendent.
Mais quelle occasion mène Evandre vers nous ?

Scène IV. — CINNA, ÉMILIE, ÉVANDRE, FULVIE

ÉVANDRE

280 Seigneur, César vous mande, et Maxime avec vous.

---

1. *Mourant* : si je meurs; 2. Brutus et Cassius, les meurtriers de César, furent
ensuite battus à Philippes (42) par Antoine et Octave : ils se donnèrent tous deux
la mort. C'est Brutus qui surnommait Cassius « le dernier des Romains »
(voir v. 268).

--- QUESTIONS ---

● Vers 249-260. Est-ce vraiment par ferveur républicaine que Cinna
conspire ? Quels sentiments a-t-il pour le peuple ? Alors qu'Émilie peut
invoquer sa vengeance pour se justifier, quel est le seul motif qui détermine Cinna ?

● Vers 261-279. Pourquoi Émilie tutoie-t-elle Cinna, alors que Cinna
lui dit « vous » ? — Analysez les sentiments qui animent Émilie dans les
deux mouvements de cette tirade. — A partir du v. 275, relevez dans
la forme des phrases et dans la coupe des vers les signes de l'émotion
d'Émilie.

■ Sur l'ensemble de la scène III. — Situez cette scène dans le développement de l'action : quelle place occupe-t-elle dans la marche de la
conspiration ?

— Faites, d'après cette scène, un premier portrait de Cinna.

CINNA

Et Maxime avec moi ? Le sais-tu bien[1], Évandre ?

ÉVANDRE

Polyclète est encor chez vous à vous attendre
Et fût venu lui-même avec moi vous chercher,
Si ma dextérité[2] n'eût su l'en empêcher ;
285 Je vous en donne avis, de peur d'une surprise.
Il presse[3] fort.

ÉMILIE

                    Mander les chefs de l'entreprise !
Tous deux ! en même temps ! Vous êtes découverts.

CINNA

Espérons mieux, de grâce.

ÉMILIE

                              Ah ! Cinna, je te perds !
Et les dieux, obstinés à nous donner un maître,
290 Parmi tes vrais amis ont mêlé quelque traître.
Il n'en faut point douter, Auguste a tout appris.
Quoi ? tous deux ! et sitôt que le conseil[4] est pris !

CINNA

Je ne vous puis celer que son ordre m'étonne* ;
Mais souvent il m'appelle auprès de sa personne ;
295 Maxime est comme moi de ses plus confidents[5],
Et nous nous alarmons peut-être en imprudents.

ÉMILIE

Sois moins ingénieux à te tromper toi-même,
Cinna ; ne porte point mes maux jusqu'à l'extrême ;
Et puisque désormais tu ne peux me venger,
300 Dérobe au moins ta tête à ce mortel danger ;

---

1. *Le sais-tu bien :* en es-tu sûr ? ; 2. *Dextérité :* adresse ; 3. *Il presse fort :* cela presse fort ; 4. *Conseil :* la décision ; 5. *Confident* (le mot est ici adjectif) : qui jouit de la confiance.

● **QUESTIONS** ━━━━━━━━━━━━━

● Vers 280-286. Il s'agit ici d'un « coup de théâtre » : montrez comment Corneille en a combiné les circonstances.
● Vers 287-304. Comparez l'attitude d'Émilie avec son attitude au cours des trois premières scènes : son changement est-il toutefois complètement inattendu ? Qu'est-ce qui pouvait le faire prévoir ? Ce revirement rend-il Émilie sympathique ?

Fuis d'Auguste irrité l'implacable colère.
Je verse assez de pleurs pour la mort de mon père;
N'aigris* point ma douleur par un nouveau tourment,
Et ne me réduis point à pleurer mon amant*.

CINNA

305 Quoi? sur l'illusion d'une terreur panique[1],
Trahir vos intérêts et la cause publique!
Par cette lâcheté moi-même m'accuser,
Et tout abandonner quand il faut tout oser!
Que feront nos amis si vous êtes déçue[2]?

ÉMILIE

310 Mais que deviendras-tu si l'entreprise est sue?

CINNA

S'il est pour me trahir des esprits assez bas,
Ma vertu* pour le moins ne me trahira pas;
Vous la verrez, brillante au bord des précipices,
Se couronner de gloire* en bravant les supplices,
315 Rendre Auguste jaloux du sang qu'il répandra,
Et le faire trembler alors qu'il me perdra.
    Je deviendrais suspect à tarder davantage.
Adieu, raffermissez ce généreux* courage.
S'il faut subir le coup d'un destin rigoureux,
320 Je mourrai tout ensemble heureux et malheureux :
Heureux pour vous servir de perdre ainsi la vie,
Malheureux de mourir sans vous avoir servie.

ÉMILIE

Oui, va, n'écoute plus ma voix qui te retient!
Mon trouble se dissipe, et ma raison revient.
325 Pardonne à mon amour cette indigne faiblesse.
Tu voudrais fuir en vain[3], Cinna, je le confesse :

---

1. *Terreur panique* : terreur soudaine et injustifiée; 2. *Déçue* : trompée dans votre attente; 3. *En vain* : c'est en vain que tu voudrais fuir.

QUESTIONS

● VERS 305-322. Une telle fermeté était-elle prévisible de la part de Cinna? Pourquoi n'accepte-t-il pas la solution proposée par Émilie? Comment se complète ici son caractère? Montrez que l'idéalisme s'y joint à un certain sens pratique (v. 317). — Le désaccord entre Cinna et Émilie ne porte-t-il pas en lui les possibilités d'un conflit tragique?

Si tout est découvert, Auguste a su pourvoir
A ne te laisser pas ta fuite[1] en ton pouvoir.
Porte, porte chez lui cette mâle assurance,
330 Digne de notre amour, digne de ta naissance;
Meurs, s'il y faut mourir, en citoyen romain,
Et par un beau trépas couronne un beau dessein.
Ne crains pas qu'après toi rien ici me retienne :
Ta mort emportera mon âme vers la tienne :
335 Et mon cœur, aussitôt percé des mêmes coups...

CINNA

Ah! souffrez que tout mort[2] je vive encore en vous;
Et du moins en mourant[3] permettez que j'espère
Que vous saurez venger l'amant* avec le père.
Rien n'est pour vous à craindre : aucun de nos amis
340 Ne sait ni vos desseins, ni ce qui m'est promis;
Et, leur parlant tantôt des misères romaines,
Je leur ai tu la mort qui fait naître nos haines[4],
De peur que mon ardeur*, touchant vos intérêts,
D'un si parfait amour ne trahît les secrets :
345 Il n'est su que d'Évandre et de votre Fulvie.

ÉMILIE

Avec moins de frayeur je vais donc chez Livie,
Puisque dans ton péril il me reste un moyen
De faire agir pour toi son crédit et le mien;
Mais si mon amitié par là ne te délivre,
350 N'espère pas qu'enfin je veuille te survivre,
Je fais de ton destin des règles à mon sort[5],
Et j'obtiendrai ta vie, ou je suivrai ta mort.

CINNA

Soyez en ma faveur moins cruelle à vous-même.

---

1. *Ta fuite :* le moyen de fuir; 2. *Tout mort :* tout mort que je serai; 3. Que j'espère en mourant; 4. La mort du père d'Émilie, Toranius; 5. Je règle mon sort sur ton destin.

--- **QUESTIONS** ---

● Vers 323-335. A quoi est dû le revirement d'Émilie? (Commentez surtout le v. 324 et les v. 326-328.) — Quelle part tient l'idéal romanesque dans les vers 331-335?
● Vers 336-345. Cinna est-il aussi romanesque qu'Émilie? N'est-il pas un peu gênant qu'il ait caché à ses amis (v. 342) le motif « sentimental » de la conspiration?

ÉMILIE

Va-t'en, et souviens-toi seulement que je t'aime.

ACTE II

Dans l'appartement d'Auguste.

Scène première. — AUGUSTE, CINNA, MAXIME,
TROUPE DE COURTISANS

AUGUSTE

355 Que chacun se retire, et qu'aucun n'entre ici.
Vous, Cinna, demeurez, et vous, Maxime, aussi.
(Tous se retirent, à la réserve de Cinna et de Maxime.)
Cet empire absolu sur la terre et sur l'onde,
Ce pouvoir souverain que j'ai sur tout le monde,
Cette grandeur sans borne et cet illustre rang,
360 Qui m'a jadis coûté tant de peine et de sang,
Enfin tout ce qu'adore en ma haute fortune
D'un courtisan flatteur la présence importune,
N'est que de ces beautés dont l'éclat éblouit,
Et qu'on cesse d'aimer sitôt qu'on en jouit :
365 L'ambition déplaît quand elle est assouvie,
D'une contraire ardeur* son ardeur* est suivie ;

———— QUESTIONS ————

■ Sur l'ensemble de la scène IV. — Comparez les sentiments d'Émilie et de Cinna, les raisons du sang-froid de Cinna, des craintes d'Émilie. Lequel des deux parle avec le plus de naturel et de simplicité ?
— Dans quel sens pourrait maintenant évoluer l'action ?

■ Sur l'ensemble de l'acte premier. — ⌐ Les qualités de l'exposition (situation, sentiments, action) ?
— La conspiration et ses promoteurs : quel intérêt le spectateur y prend-il ? Cinna et Émilie sont-ils sincères dans leur patriotisme républicain ? Quels sont les mobiles réels de leur conspiration ? Montrez qu'ils sont l'un et l'autre dans une situation fausse, génératrice de malentendus tragiques.

● Vers 355-356. Cet ordre d'Auguste confirme-t-il les craintes de Cinna et de Maxime ?

Et comme notre esprit, jusqu'au dernier soupir,
Toujours vers quelque objet pousse quelque désir,
Il se ramène en soi[1]; n'ayant plus où se prendre,
370 Et, monté sur le faîte, il aspire à descendre[2].
J'ai souhaité l'empire, et j'y suis parvenu;
Mais en le souhaitant, je ne l'ai pas connu :
Dans sa possession j'ai trouvé pour tous charmes*
D'effroyables soucis, d'éternelles alarmes,
375 Mille ennemis secrets, la mort à tous propos,
Point de plaisir sans trouble, et jamais de repos.
Sylla m'a précédé dans ce pouvoir suprême;
Le grand César, mon père[3], en a joui de même :
D'un œil si différent tous deux l'ont regardé,
380 Que l'un s'en est démis[4], et l'autre l'a gardé;
Mais l'un, cruel, barbare, est mort aimé, tranquille,
Comme un bon citoyen dans le sein de sa ville;
L'autre, tout[5] débonnaire, au milieu du sénat
A vu trancher ses jours par un assassinat.
385 Ces exemples récents suffiraient pour m'instruire,
Si par l'exemple seul on se devait conduire :
L'un m'invite à le suivre, et l'autre me fait peur;
Mais l'exemple souvent n'est qu'un miroir trompeur,
Et l'ordre du destin qui gêne* nos pensées[6]
390 N'est pas toujours écrit dans les choses passées :

---

1. Il se replie sur lui-même; 2. Racine faisait apprendre ce passage à l'un de ses fils. « Remarquez bien cette expression, lui disait-il avec enthousiasme. On dit : aspirer à monter, mais il faut connaître le cœur humain aussi bien que Corneille l'a connu, pour avoir su dire de l'ambitieux qu'il aspire à descendre »; 3. Auguste, petit-neveu de Jules César, par sa mère, était devenu son fils adoptif; 4. Sylla, qui avait, après sa victoire sur Marius, obtenu le titre de dictateur à vie et assuré son pouvoir par une politique de cruauté, abdiqua en 79 av. J.-C. et rentra dans la vie privée; 5. *Tout débonnaire :* tout débonnaire qu'il était; 6. Les décisions du destin (relatives à l'avenir) qui mettent à la torture nos pensées.

● **QUESTIONS** ●

● Vers 357-376. Pourquoi Auguste commence-t-il par rappeler le caractère absolu de sa puissance ? Ses maximes sur l'ambition déçue ont-elles une portée universelle ou la simple généralisation des seuls sentiments ? — Sur quel ton Auguste parle-t-il ici ? Étudiez le vocabulaire et le rythme des phrases. Peut-on dire qu'il condescend à faire une confidence à ses amis ?

● Vers 377-392. Comment Auguste interprète-t-il les exemples de l'histoire ? Ses jugements sur Sylla et sur César sont-ils objectifs, donc concluants ?

Quelquefois l'un se brise où l'autre s'est sauvé,
Et par où l'un périt un autre est conservé.
Voilà, mes chers amis, ce qui me met en peine.
Vous, qui me tenez lieu d'Agrippe et de Mécène[1],
395 Pour résoudre ce point avec eux débattu,
Prenez sur mon esprit le pouvoir qu'ils ont eu.
Ne considérez point cette grandeur suprême,
Odieuse aux Romains et pesante à moi-même;
Traitez-moi comme ami, non comme souverain;
400 Rome, Auguste, l'État, tout est en votre main :
Vous mettrez et l'Europe, et l'Asie, et l'Afrique
Sous les lois d'un monarque ou d'une république;
Votre avis est ma règle, et par ce seul moyen
Je veux être empereur ou simple citoyen.

CINNA

405 Malgré notre surprise et mon insuffisance,
Je vous obéirai, Seigneur, sans complaisance,
Et mets bas le respect qui pourrait m'empêcher
De combattre un avis où vous semblez pencher.
Souffrez-le d'un esprit jaloux de votre gloire*,
410 Que vous allez souiller d'une tache trop noire,

---

1. Agrippa, compagnon d'études d'Octave, puis son conseiller et son lieutenant dans les guerres civiles, partagea la confiance de l'empereur avec Mécène, le protecteur d'Horace et de Virgile. Selon l'historien Dion Cassius, Auguste les a, en effet, consultés sur son projet d'abdication. (Voir Notice, p. 12.)

--- **QUESTIONS** ---

● VERS 393-404. Cette conclusion assez rapide était-elle attendue? Quel effet peut-elle produire sur Cinna et sur Maxime? Commentez en particulier les v. 394-395, en vous reportant à la Notice page 12. Qu'en concluez-vous sur la manière dont le poète transpose la vérité historique?
● VERS 355-404. a) Étudiez la suite des idées dans ce discours. — b) « Il me semble, dit Fénelon, qu'on a souvent donné aux Romains un discours trop fastueux; je ne trouve point de proportion entre l'emphase avec laquelle Auguste parle dans la tragédie de *Cinna* et la modeste simplicité avec laquelle Suétone le dépeint. » — « Il est vrai, répond Voltaire, mais ne faut-il pas quelque chose de plus relevé sur le théâtre que dans Suétone? Il y a un milieu à garder entre l'enflure et la simplicité. Il faut avouer que Corneille a quelquefois passé les bornes. » Est-ce ici le cas? L'emphase n'est-elle pas exigée — et aggravée — par le costume et la mise en scène du XVIIe siècle? Montrez comment et pourquoi le goût a changé depuis cette époque.

Si vous ouvrez votre âme à ces impressions
Jusques à condamner toutes vos actions.
  On ne renonce point aux grandeurs légitimes ;
On garde sans remords ce qu'on acquiert sans crimes ;
415 Et plus le bien qu'on quitte est noble, grand, exquis[1],
Plus qui l'ose quitter le juge mal acquis.
N'imprimez pas, Seigneur, cette honteuse marque
A ces rares vertus* qui vous ont fait monarque ;
Vous l'êtes justement, et c'est sans attentat
420 Que vous avez changé la forme de l'État.
Rome est dessous vos lois par le droit de la guerre,
Qui sous les lois de Rome a mis toute la terre ;
Vos armes l'ont conquise, et tous les conquérants
Pour être usurpateurs ne sont pas des tyrans[2] ;
425 Quand ils ont sous leurs lois asservi des provinces,
Gouvernant justement, ils s'en font justes princes :
C'est ce que fit César ; il vous faut aujourd'hui
Condamner sa mémoire, ou faire comme lui.
Si le pouvoir suprême est blâmé par Auguste,
430 César fut un tyran et son trépas fut juste,
Et vous devez aux dieux compte de tout le sang
Dont[3] vous l'avez vengé pour monter à son rang.
N'en[4] craignez point, Seigneur, les tristes destinées ;
Un plus puissant démon[5] veille sur vos années :
435 On a dix fois sur vous attenté sans effet,
Et qui l'a[6] voulu perdre au même instant l'a fait.
On entreprend assez, mais aucun n'exécute ;
Il est des assassins, mais il n'est plus de Brute :
Enfin, s'il faut attendre un semblable revers,
440 Il est beau de mourir maître de l'univers.

---

1. *Exquis* : choisi ; 2. Ce n'est pas parce qu'ils sont des usurpateurs qu'ils sont des tyrans ; 3. *Dont* : par lequel ; 4. *En* : de César ; 5. *Démon* : génie qui, dans la croyance des anciens, préside à la destinée de chaque individu ; 6. *Le* désigne César.

--- QUESTIONS ---

● Vers 405-412. D'après le ton de ce préambule, Cinna paraît-il sincère ?
● Vers 413-426. Relevez dans cette partie de l'argumentation les mots qui insistent sur la *légitimité* de la dictature ; cette preuve juridique répond-elle exactement aux préoccupations d'Auguste ?
● Vers 430-440. Pourquoi Cinna prend-il l'exemple de César, sans faire allusion à Sylla ? Quels vers prennent, pour Maxime et pour le spectateur, un double sens ?

C'est ce qu'en peu de mots j'ose dire, et j'estime
Que ce peu que j'ai dit est l'avis de Maxime.

MAXIME

Oui, j'accorde qu'Auguste a droit de conserver
L'empire où sa vertu* l'a fait seul arriver,
445 Et qu'au prix de son sang, au péril de sa tête,
Il a fait de l'État une juste conquête ;
Mais que sans se noircir il ne puisse quitter
Le fardeau que sa main est lasse de porter,
Qu'il accuse par là César de tyrannie,
450 Qu'il approuve sa mort, c'est ce que je dénie.
    Rome est à vous, Seigneur, l'empire est votre bien ;
Chacun en liberté peut disposer du sien :
Il le peut à son choix garder ou s'en défaire ;
Vous seul ne pourriez pas ce que peut le vulgaire,
455 Et seriez devenu, pour avoir tout dompté,
Esclave des grandeurs où vous êtes monté !
Possédez-les, Seigneur, sans qu'elles vous possèdent.
Loin de vous captiver, souffrez qu'elles vous cèdent ;
Et faites hautement connaître enfin à tous
460 Que tout ce qu'elles ont est au-dessous de vous.
Votre Rome[1] autrefois vous donna la naissance ;
Vous lui voulez donner[2] votre toute-puissance ;
Et Cinna vous impute à crime capital
La libéralité vers[3] le pays natal !
465 Il appelle remords l'amour de la patrie !
Par la haute vertu* la gloire* est donc flétrie,
Et ce n'est qu'un objet digne de nos mépris,
Si de ses pleins effets* l'infamie est le prix !

---

1. *Votre Rome* : cette Rome qui est à vous ; 2. *Donner* : sacrifier ; 3. *Vers* : envers.

● **QUESTIONS** ───────────

● VERS 441-442. Quelle est l'intention de Cinna dans le dernier vers ?
● VERS 443-450. Maxime ne semble-t-il pas d'abord approuver Cinna ?
Est-ce seulement par courtoisie qu'il fait cette concession ? Montrez
qu'en réalité il prépare déjà son premier argument.
● VERS 451-460. Sur quel terrain se place Maxime pour contrebalancer
l'influence de Cinna ?
● VERS 461-468. Quels sentiments à l'égard de Cinna trahit ici Maxime ?
Que peut penser Auguste de cette brusque attaque ? Ne risque-t-elle
pas de diminuer la portée des arguments présentés par Maxime ?

Je veux bien avouer qu'une action si belle
470 Donne à Rome bien plus que vous ne tenez d'elle;
Mais commet-on un crime indigne de pardon,
Quand la reconnaissance est au-dessus du don?
Suivez, suivez, Seigneur, le ciel qui vous inspire :
Votre gloire* redouble à mépriser l'empire;
475 Et vous serez fameux chez la postérité,
Moins pour l'avoir conquis que pour l'avoir quitté.
Le bonheur peut conduire à la grandeur suprême;
Mais pour y renoncer il faut la vertu* même;
Et peu de généreux* vont jusqu'à dédaigner,
480 Après un sceptre acquis[1], la douceur de régner.
     Considérez d'ailleurs que vous régnez dans Rome,
Où, de quelque façon que votre cour vous nomme,
On hait la monarchie; et le nom d'empereur,
Cachant celui de roi, ne fait pas moins d'horreur.
485 Ils passent pour[2] tyran quiconque s'y fait maître;
Qui le sert, pour esclave, et qui l'aime, pour traître;
Qui le souffre a le cœur lâche, mol, abattu,
Et pour s'en[3] affranchir tout s'appelle vertu*.
Vous en avez, Seigneur, des preuves trop certaines :
490 On a fait contre vous dix entreprises vaines;
Peut-être que l'onzième est prête d'éclater[4],
Et que ce mouvement* qui vous vient agiter
N'est qu'un avis secret que le ciel vous envoie,
Qui[5] pour vous conserver n'a plus que cette voie.
495 Ne vous exposez plus à ces fameux revers.
Il est beau de mourir maître de l'univers;

---

1. *Un sceptre acquis* : l'acquisition d'un sceptre; 2. *Ils passent pour* : ils regardent comme; 3. *En* : du tyran; 4. *Prête de* : près de, sur le point de. (La langue du XVIIᵉ siècle ne fait pas encore, malgré les recommandations de certains grammairiens, la distinction entre *près de* et *prêt à*); 5. *Qui* a pour antécédent *ciel*.

QUESTIONS

● Vers 469-480. Comment Maxime tente-t-il de revenir à une démonstration qui puisse directement convaincre Auguste? Pourquoi n'évoque-t-il pas l'exemple de Sylla, comme Cinna avait fait appel à celui de César?

● Vers 481-488. L'argument historique dont se sert ici Maxime risque-t-il d'avoir plus de poids que les considérations sur César et sur Sylla?

Mais la plus belle mort souille notre mémoire,
Quand nous avons pu[1] vivre et croître[2] notre gloire★.

CINNA

Si l'amour du pays doit ici prévaloir,
500 C'est son bien seulement que vous devez vouloir ;
Et cette liberté, qui lui semble si chère,
N'est pour Rome, Seigneur, qu'un bien imaginaire,
Plus nuisible qu'utile, et qui n'approche pas
De celui qu'un bon prince apporte à ses États.
505 Avec ordre et raison les honneurs il dispense,
Avec discernement punit et récompense,
Et dispose de tout en juste[3] possesseur,
Sans rien précipiter de peur d'un successeur.
Mais quand le peuple est maître, on n'agit qu'en
[tumulte :
510 La voix de la raison jamais ne se consulte[4] ;
Les honneurs sont vendus aux plus ambitieux,
L'autorité livrée aux plus séditieux.
Ces petits souverains qu'il fait pour une année[5],
Voyant d'un temps si court leur puissance bornée,
515 Des plus heureux desseins font avorter le fruit,
De peur de le laisser à celui qui les suit.
Comme ils ont peu de part aux biens dont ils ordonnent,
Dans le champ du public largement ils moissonnent,
Assurés que chacun leur pardonne aisément,
520 Espérant à son tour un pareil traitement :
Le pire des États, c'est l'État populaire[6].

---

1. *Nous avons pu* : nous aurions pu ; 2. *Croître* (sens transitif) : accroître ; 3. *Juste* : légitime ; 4. *Se consulte* : n'est consultée ; 5. C'est-à-dire les consuls ; *il* désigne le peuple ; 6. *Populaire* : où le peuple dispose du pouvoir démocratique. Voir Bossuet, *Cinquième avertissement aux protestants* : « L'état populaire, le pire de tous. »

QUESTIONS

● VERS 489-498. Comment Maxime se sert-il à son tour de l'allusion au complot ? Est-il aussi perfide que Cinna ? — Peut-on deviner la pensée d'Auguste à ce moment de la discussion ?
● VERS 499-521. Pourquoi Cinna élève-t-il le débat jusqu'à des considérations générales sur les avantages de la monarchie ? Quel est le principal argument de Cinna contre le gouvernement populaire ? Pensez-vous que cet éloge de la monarchie avait une valeur d'actualité pour les spectateurs de 1640 ? N'est-il pas gênant de voir cet éloge fait par Cinna lui-même ?

AUGUSTE

Et toutefois le seul qui dans Rome peut plaire.
Cette haine des rois, que depuis cinq cents ans[1]
Avec le premier lait sucent tous ses enfants,
525 Pour l'arracher des cœurs, est trop enracinée.

MAXIME

Oui, Seigneur, dans son mal Rome est trop obstinée :
Son peuple, qui s'y plaît, en fuit la guérison :
Sa coutume l'emporte, et non pas la raison;
Et cette vieille erreur, que Cinna veut abattre,
530 Est une heureuse erreur dont il est idolâtre,
Par qui le monde entier, asservi sous ses lois,
L'a vu cent fois marcher sur la tête des rois,
Son épargne[2] s'enfler du sac de leurs provinces.
Que lui pouvaient de plus donner les meilleurs princes ?
535 J'ose dire, Seigneur, que par tous les climats[3]
Ne sont pas bien reçus toutes sortes d'États;
Chaque peuple a le sien conforme à sa nature,
Qu'on ne saurait changer sans lui faire une injure :
Telle est la loi du ciel, dont la sage équité
540 Sème dans l'univers cette diversité.
Les Macédoniens aiment le monarchique[4],
Et le reste des Grecs la liberté publique;
Les Parthes[5], les Persans[6] veulent des souverains,
Et le seul consulat est bon pour les Romains.

---

1. Depuis l'expulsion des Tarquins (509), les Romains gardaient une méfiance traditionnelle contre la royauté; et la pire des accusations qu'on pouvait lancer contre un homme politique était de l'accuser de vouloir se faire nommer roi; cette accusation fut par exemple portée contre J. César; 2. *Son épargne :* son trésor public; 3. *Climats :* régions; 4. Allusion à Philippe de Macédoine (382-336) et à son fils Alexandre (356-323); 5. *Les Parthes :* étaient de redoutables adversaires des Romains, établis au sud de la mer Caspienne : Crassus avait été battu et tué par eux en 53 av. J.-C.; 6. Les *Persans* (on dirait aujourd'hui les Perses, puisqu'il s'agit de l'Antiquité) représentent, pour les Grecs et les Romains, le modèle de la monarchie barbare (Cambyse, Cyrus, Darius, Xerxès).

QUESTIONS

● Vers 522-525. Est-ce Cinna ou Maxime qui semble l'emporter alors dans l'esprit d'Auguste ?
● Vers 526-534. Maxime sait-il profiter de son avantage ? Comment défend-il la démocratie sans avoir l'air de l'approuver ?
● Vers 535-544. Quel argument nouveau apparaît ici ? Faut-il voir s'annoncer ici la théorie des « climats » telle que la développera Montesquieu ?

CINNA

545 Il est vrai que du ciel la prudence[1] infinie
Départ à chaque peuple un différent génie;
Mais il n'est pas moins vrai que cet ordre des cieux[2]
Change selon les temps comme selon les lieux.
Rome a reçu des rois ses murs et sa naissance;
550 Elle tient des consuls sa gloire* et sa puissance,
Et reçoit maintenant de vos rares bontés
Le comble souverain de ses prospérités.
Sous vous, l'État n'est plus en pillage aux armées;
Les portes de Janus par vos mains sont fermées[3],
555 Ce que sous ses consuls on n'a vu qu'une fois[4]
Et qu'a fait voir comme eux le second de ses rois[5].

MAXIME

Les changements d'État que fait l'ordre céleste
Ne coûtent point de sang, n'ont rien qui soit funeste.

CINNA

C'est un ordre des dieux qui jamais ne se rompt,
560 De nous vendre un peu cher les grands biens qu'ils
[nous font.
L'exil des Tarquins même ensanglanta nos terres[6],
Et nos premiers consuls nous ont coûté des guerres[7].

MAXIME

Donc votre aïeul Pompée au ciel a résisté
Quand il a combattu pour notre liberté?

CINNA

565 Si le ciel n'eût voulu que Rome l'eût perdue,
Par les mains de Pompée il l'aurait défendue:

---

1. *Prudence* : sagesse, prévoyance; 2. *Ordre des cieux* : dispositions arrêtées par les cieux; 3. Les portes du temple de Janus restaient ouvertes tant que durait l'état de guerre; 4. En 341, après le succès de la première guerre punique; 5. Numa Pompilius, successeur de Romulus; 6. Tarquin le Superbe, dernier roi de Rome, chassé par la révolution de 509, s'appuya sur les Étrusques pour reconquérir son trône, mais fut battu au lac Régille; 7. L'établissement de la république (régime des consuls) nous a coûté des guerres (même idée que le vers précédent).

QUESTIONS

● VERS 545-556. Cinna réussit-il à reprendre l'avantage? Comment utilise-t-il contre Maxime le propre raisonnement de celui-ci? Son dernier argument peut-il toucher Auguste?

Il[1] a choisi sa mort pour servir dignement
D'une marque éternelle à ce grand changement,
Et devait cette gloire★ aux mânes d'un tel homme,
570 D'emporter avec eux la liberté de Rome.
    Ce nom[2] depuis longtemps ne sert qu'à l'éblouir,
Et sa propre grandeur l'empêche d'en jouir.
Depuis qu'elle se voit la maîtresse du monde,
Depuis que la richesse entre ses murs abonde,
575 Et que son sein, fécond en glorieux exploits,
Produit des citoyens plus puissants que des rois,
Les grands, pour s'affermir achetant les suffrages,
Tiennent pompeusement leurs maîtres[3] à leurs gages,
Qui, par des fers dorés se laissant enchaîner,
580 Reçoivent d'eux les lois qu'ils pensent leur donner.
Envieux l'un de l'autre, ils mènent tout par brigues,
Que leur ambition tourne en sanglantes ligues.
Ainsi de Marius Sylla devint jaloux;
César, de mon aïeul; Marc Antoine, de vous;
585 Ainsi la liberté ne peut plus être utile
Qu'à former les fureurs★ d'une guerre civile,
Lorsque, par un désordre à l'univers fatal,
L'un ne veut point de maître, et l'autre point d'égal.
    Seigneur, pour sauver Rome, il faut qu'elle s'unisse
590 En la main d'un bon chef à qui tout obéisse.
Si vous aimez encore à la favoriser,
Otez-lui les moyens de se plus[4] diviser.
Sylla, quittant la place enfin bien usurpée[5],
N'a fait qu'ouvrir le champ à César et Pompée,
595 Que le malheur des temps ne nous eût pas fait voir,
S'il eût dans sa famille assuré son pouvoir.

---

1. *Il* : le ciel; 2. *Ce nom* de liberté; 3. *Leurs maîtres*, c'est-à-dire le peuple; 4. *Plus* : désormais; 5. A la fin solidement occupée; d'autres donnent à *enfin* le sens d' « après tout ».

━━━ **QUESTIONS** ━━━━━━━━━━━━━━━━━━━━━━━━━━━━━

● VERS 557-570. Ces considérations sur la part de la volonté divine dans les révolutions semblent un peu creuses; montrez qu'il s'agit en fait d'une altercation entre Cinna et Maxime, en désaccord sur les moyens d'agir. Auguste peut-il comprendre ces allusions ?
● VERS 571-588. Comparez cet argument aux vers 499-521. A quel nouveau point de vue se place Cinna pour condamner la démocratie ? Analysez les motifs qu'il donne à la décadence des institutions républicaines : dans quelle mesure annoncent-ils les idées de Montesquieu ?

Qu'a fait du grand César le cruel parricide,
Qu'élever contre vous Antoine avec Lépide,
Qui n'eussent pas détruit Rome par les Romains,
600 Si César eût laissé l'empire entre vos mains ?
Vous la replongerez, en quittant cet empire,
Dans les maux dont à peine encore elle respire,
Et de ce peu, Seigneur, qui lui reste de sang
Une guerre nouvelle épuisera son flanc.
605   Que l'amour du pays, que la pitié vous touche;
Votre Rome à genoux vous parle par ma bouche.
Considérez le prix que vous avez coûté :
Non pas qu'elle vous croie avoir trop acheté[1];
Des maux qu'elle a soufferts elle est trop bien payée,
610 Mais une juste peur tient son âme effrayée :
Si, jaloux de son heur[2] et las de commander,
Vous lui rendez un bien qu'elle ne peut garder,
S'il lui faut à ce prix en acheter un autre[3],
Si vous ne préférez son intérêt au vôtre,
615 Si ce funeste don la met au désespoir,
Je n'ose dire ici ce que j'ose prévoir.
Conservez-vous, Seigneur, en lui laissant un maître
Sous qui son vrai bonheur commence de renaître;
Et pour mieux assurer le bien commun de tous,
620 Donnez un successeur qui soit digne de vous.

AUGUSTE

N'en délibérons plus, cette pitié l'emporte.
Mon repos m'est bien cher, mais Rome est la plus forte;
Et quelque grand malheur qui m'en puisse arriver,
Je consens à me perdre afin de la sauver.
625 Pour ma tranquillité mon cœur en vain soupire :

---

1. Qu'elle croie vous avoir acheté trop cher; 2. *Heur* : bonheur; 3. *Un autre* maître.

QUESTIONS

● Vers 589-604. Comment les exemples de Sylla et de César sont-ils utilisés ici ? N'est-ce pas résoudre le problème que se posait Auguste aux v. 376-384 ?
● Vers 605-620. L'élément pathétique dans cette péroraison de Cinna : Auguste doit-il être ému de cet appel ? — Quelle solution propose Cinna ? Se contente-t-il de conseiller à Auguste de garder le pouvoir ? Est-il habile de lui suggérer de nommer un successeur ? En quoi cette idée a-t-elle trouvé sa justification sur le plan historique ? Quand on sait les sentiments profonds de Cinna, que peut-on penser de son attitude, surtout dans cette dernière partie de sa tirade ?

Phot. Agnès Varda.

CINNA AU THÉÂTRE NATIONAL
POPULAIRE (1954)

Roger Mollien (Maxime), Jean Vilar (Auguste),
Jean Deschamps (Cinna).

Cinna, par[1] vos conseils je retiendrai[2] l'empire;
Mais je le retiendrai pour vous en faire part[3].
Je vois trop que vos cœurs n'ont point pour moi de fard,
Et que chacun de vous, dans l'avis qu'il me donne,
630 Regarde seulement l'État et ma personne.
Votre amour en tous deux fait ce combat d'esprits[4]
Et vous allez tous deux en recevoir le prix.
    Maxime, je vous fais gouverneur de Sicile;
Allez donner mes lois à ce terroir[5] fertile;
635 Songez que c'est pour moi que vous gouvernerez,
Et que je répondrai de ce que vous ferez.
Pour épouse, Cinna, je vous donne Émilie :
Vous savez qu'elle tient la place de Julie[6],
Et que si nos malheurs et la nécessité
640 M'ont fait traiter son père avec sévérité,
Mon épargne[7] depuis en sa faveur ouverte
Doit avoir adouci l'aigreur[8] de cette perte.
Voyez-la de ma part, tâchez de la gagner :
Vous n'êtes point pour elle un homme à dédaigner;
645 De l'offre de vos vœux elle sera ravie.
Adieu : j'en veux porter la nouvelle à Livie.

---

1. *Par* : à cause de; 2. *Retenir* : conserver; 3. Pour vous y faire participer;
4. *Esprits* : opinions; 5. *Terroir* : territoire. La fertilité de la Sicile, qui est le grenier à blé de Rome, est célèbre dans l'Antiquité; 6. *Julie* : fille d'Auguste; elle avait été exilée par son père pour ses écarts de conduite; 7. *Épargne* : trésor; 8. *Aigreur* : amertume, douleur.

QUESTIONS

● VERS 621-632. — Est-il étonnant qu'Auguste soit maintenant convaincu par Cinna? Quelle est l'importance du v. 626? — La confiance et la générosité du souverain ne contribuent-elles pas à modifier le sentiment du spectateur à l'égard des personnages réunis ici?

● VERS 633-646. Que peut penser Maxime, recevant d'Auguste le gouvernement de Sicile? — Si les circonstances étaient autres, ne trouverait-on pas un peu comique qu'Auguste offre à Cinna la main d'Émilie, surtout dans les termes où il le fait? Mais, ici, quelle impression fait la « naïveté » d'Auguste?

■ SUR L'ENSEMBLE DE LA SCÈNE PREMIÈRE. — Analysez la composition de cette scène : montrez la symétrie entre la première tirade de Cinna (v. 405-442) et la réponse de Maxime (v. 443-498); comment se développe ensuite la discussion? Pourquoi Cinna réussit-il à prendre l'avantage?

— Résumez les arguments des deux adversaires. Comment Corneille, historien de Rome, s'est-il servi de Cinna et de Maxime pour esquisser les causes générales de la grandeur et de la décadence de Rome? Quel genre d'intérêt pouvaient prendre les spectateurs de 1640 à cette polémique?

— Auguste est-il toujours à nos yeux le tyran sanguinaire dépeint par Cinna et Émilie? Cinna est-il toujours sympathique? Comment l'intérêt s'est-il déplacé du groupe Cinna-Émilie sur le personnage d'Auguste?

Scène II. — CINNA, MAXIME

MAXIME

Quel est votre dessein après ces beaux discours?

CINNA

Le même que j'avais, et que j'aurai toujours.

MAXIME

Un chef de conjurés flatte la tyrannie!

CINNA

650 Un chef de conjurés la veut voir impunie!

MAXIME

Je veux voir Rome libre.

CINNA

           Et vous pouvez juger
Que je veux l'affranchir ensemble[1] et la venger.
  Octave aura donc vu ses fureurs* assouvies,
Pillé jusqu'aux autels, sacrifié nos vies,
655 Rempli les champs d'horreur, comblé Rome de morts,
Et sera quitte après pour l'effet* d'un remords!
Quand le ciel par nos mains à le punir s'apprête,
Un lâche repentir garantira sa tête!
C'est trop semer d'appâts, et c'est trop inviter
660 Par son impunité quelque autre à l'imiter.
Vengeons nos citoyens[2], et que sa peine étonne*
Quiconque après sa mort aspire à la couronne.
Que le peuple aux tyrans ne soit plus exposé :
S'il[3] eût puni Sylla, César eût moins osé.

MAXIME

665 Mais la mort de César, que vous trouvez si juste,
A servi de prétexte aux cruautés d'Auguste.
Voulant nous affranchir, Brute s'est abusé :
S'il n'eût puni César, Auguste eût moins osé.

---

1. *Ensemble* : à la fois; 2. *Citoyens* : concitoyens; 3. *Il* : le peuple. (Sur Sylla, voir aussi les v. 381-382.)

--- **QUESTIONS** ---

● Vers 647. Peut-on deviner les sentiments réciproques de Cinna et de Maxime en ce début de scène?

CINNA

La faute de Cassie[1] et ses terreurs paniques[2]
670 Ont fait rentrer l'État sous des lois tyranniques ;
Mais nous ne verrons point de pareils accidents,
Lorsque Rome suivra des chefs moins imprudents.

MAXIME

Nous sommes encor loin de mettre en évidence
Si nous nous conduirons avec plus de prudence ;
675 Cependant c'en est peu que de n'accepter pas
Le bonheur qu'on recherche au péril du trépas.

CINNA

C'en est encor bien moins, alors qu'on s'imagine
Guérir un mal si grand sans couper la racine ;
Employer la douceur à cette guérison,
680 C'est, en fermant la plaie, y verser du poison.

MAXIME

Vous la[3] voulez sanglante, et la rendez douteuse.

CINNA

Vous la voulez sans peine, et la rendez honteuse.

MAXIME

Pour sortir de ses fers jamais on ne rougit.

CINNA

On en sort lâchement, si la vertu★ n'agit.

MAXIME

685 Jamais la liberté ne cesse d'être aimable ;
Et c'est toujours pour Rome un bien inestimable.

CINNA

Ce ne peut être un bien qu'elle daigne estimer,
Quand il vient d'une main lasse de l'opprimer :
Elle a le cœur trop bon[4] pour se voir avec joie
690 Le rebut du tyran dont elle fut la proie ;
Et tout ce que la gloire★ a de vrais partisans

---

1. A la bataille de Philippes, Cassius crut que l'autre aile de l'armée, commandée par Brutus, était en fuite et se fit donner la mort. Ainsi fut perdue la bataille décisive, qui aurait pu tourner au désastre pour Antoine et Octave (voir aussi v. 265) ; 2. *Paniques* : voir v. 305 ; 3. *La* : la guérison ; 4. *Bon :* généreux.

Le hait trop puissamment pour aimer ses présents.

MAXIME

Donc pour vous Émilie est un objet de haine?

CINNA

La recevoir de lui me serait une gêne*.
695 Mais quand j'aurai vengé Rome des maux soufferts,
Je saurai le braver jusque dans les enfers.
Oui, quand par son trépas je l'aurai méritée,
Je veux joindre à sa main ma main ensanglantée,
L'épouser sur sa cendre, et qu'après notre effort
700 Les présents du tyran¹ soient le prix de sa mort.

MAXIME

Mais l'apparence², ami, que vous puissiez lui plaire
Teint du sang de celui qu'elle aime comme un père?
Car vous n'êtes pas homme à la violenter³.

CINNA

Ami, dans ce palais, on peut nous écouter,
705 Et nous parlons peut-être avec trop d'imprudence
Dans un lieu si mal propre à notre confidence.
Sortons; qu'en sûreté j'examine avec vous,
Pour en⁴ venir à bout, les moyens les plus doux.

---

1. *Les présents du tyran :* Émilie; 2. *L'apparence :* quelle apparence y a-t-il
que?; 3. *Violenter :* exercer une contrainte sur quelqu'un; 4. *En :* des difficultés
que Cinna rencontrerait, selon l'opinion de Maxime, à obtenir la main d'Émilie
après le meurtre d'Auguste.

━━━━━ QUESTIONS ━━━━━━━━━━━━━━━━━━━━━

● Vers 647-692. Cette discussion nous apprend-elle quelque chose de
nouveau sur les idées de Cinna et de Maxime? Étudiez en particulier
les v. 663-664 et 667-668; comment est jugé ici le rôle historique de
César et de Sylla dont il a été tant question dans l'entrevue avec Auguste?
● Vers 693-703. Devine-t-on les motifs pour lesquels Maxime s'intéresse
tant à Émilie? D'après le v. 702, quelle attitude affiche Émilie?
● Vers 704-708. Pourquoi Corneille interrompt-il ici cette scène?

■ Sur l'ensemble de la scène II. — Y a-t-il rupture entre les deux
chefs du complot? Et pourtant, quel germe de conflit est en train de
se révéler?
— Les principaux traits du caractère de Maxime.

■ Sur l'ensemble de l'acte II. — Sur la fin de l'acte II, Voltaire écrit :
« Ici l'intérêt change. On détestait Auguste; on s'intéressait beaucoup
à Cinna : maintenant c'est Cinna qu'on hait, c'est en faveur d'Auguste
que le cœur se déclare. » Le revirement est-il aussi complet? Voltaire
ajoute : « Lorsque ainsi on s'intéresse tour à tour pour les partis contraires,
on ne s'intéresse en effet pour personne. » Est-ce vrai?

ACTE III

Dans l'appartement d'Émilie.

Scène première. — MAXIME, EUPHORBE

MAXIME

Lui-même il m'a tout dit : leur flamme est mutuelle ;
710 Il adore Émilie, il est adoré d'elle ;
Mais sans venger son père il n'y[1] peut aspirer ;
Et c'est pour l'acquérir qu'il nous fait conspirer.

EUPHORBE

Je ne m'étonne plus de cette violence[2]
Dont[3] il contraint Auguste à garder sa puissance :
715 La ligue se romprait s'il[4] s'en était démis,
Et tous vos conjurés deviendraient ses amis.

MAXIME

Ils servent à l'envi la passion d'un homme
Qui n'agit que pour soi, feignant d'agir pour Rome ;
Et moi, par un malheur qui n'eut jamais d'égal,
720 Je pense servir Rome, et je sers mon rival.

EUPHORBE

Vous êtes son rival ?

MAXIME

Oui, j'aime sa maîtresse*,
Et l'ai caché toujours avec assez d'adresse ;

---

1. *Y* : à elle (l'emploi de *y* et *en*, pour remplacer des noms de personnes, est admis au XVIIᵉ siècle) ; 2. *Violence* : véhémence de langage ; 3. *Dont* : avec laquelle ; 4. *Il* : Auguste ; *en* : sa puissance.

—— QUESTIONS ——

● Vers 709. Comment expliquez-vous la présence de Maxime chez Émilie ?
● Vers 709-720. Est-il vraisemblable que Maxime ait ignoré aussi longtemps l'amour de Cinna et d'Émilie ? Maxime porte-t-il un jugement équitable sur Cinna, en affirmant qu'il ne conspire que pour obtenir la main d'Émilie ?

Mon ardeur* inconnue, avant que d'éclater,
Par quelque grand exploit la voulait mériter :
725 Cependant par mes mains je vois qu'il me l'enlève;
Son dessein fait ma perte, et c'est moi qui l'achève;
J'avance[1] des succès* dont j'attends le trépas,
Et pour m'assassiner je lui prête mon bras.
Que l'amitié me plonge en un malheur extrême!

EUPHORBE

730 L'issue en est aisée : agissez pour vous-même;
D'un dessein qui vous perd rompez le coup fatal;
Gagnez une maîtresse*, accusant[2] un rival.
Auguste, à qui par là vous sauverez la vie,
Ne vous pourra jamais refuser Émilie.

MAXIME

735 Quoi? trahir mon ami!

EUPHORBE

             L'amour rend tout permis;
Un véritable amant* ne connaît point d'amis,
Et même avec justice on peut trahir un traître
Qui pour une maîtresse* ose trahir son maître :
Oubliez l'amitié, comme lui les bienfaits.

MAXIME

740 C'est un exemple à fuir que celui des forfaits.

EUPHORBE

Contre un si noir dessein tout devient légitime :
On n'est point criminel quand on punit un crime.

MAXIME

Un crime par qui Rome obtient sa liberté!

EUPHORBE

Craignez tout d'un esprit si plein de lâcheté.
745 L'intérêt du pays n'est point ce qui l'engage;

---

1. *Avancer :* hâter; 2. *Accusant :* en accusant.

QUESTIONS

● Vers 721-729. Prenons-nous grand intérêt à l'amour de Maxime pour Émilie? Montrez que cet amour est en tout cas bien « cornélien ». Devant quel conflit de passions Maxime se trouve-t-il placé maintenant?
● Vers 730-740. Sur quoi est fondée l'apparente logique des arguments d'Euphorbe? — Quelle est la première réaction de Maxime aux conseils d'Euphorbe?

Le sien, et non la gloire★, anime son courage★ :
Il aimerait César[1], s'il n'était amoureux,
Et n'est enfin qu'ingrat, et non pas généreux★.
　　Pensez-vous avoir lu jusqu'au fond de son âme ?
750 Sous la cause publique il vous cachait sa flamme,
Et peut cacher encor sous cette passion
Les détestables feux★ de son ambition.
Peut-être qu'il prétend, après la mort d'Octave,
Au lieu d'affranchir Rome, en faire son esclave,
755 Qu'il vous compte déjà pour un de ses sujets,
Ou que sur votre perte il fonde ses projets.

MAXIME

Mais comment l'accuser sans nommer tout le reste ?
A tous nos conjurés l'avis serait funeste,
Et par là nous verrions indignement trahis
760 Ceux qu'engage avec nous le seul bien du pays.
D'un si lâche dessein mon âme est incapable :
Il perd trop d'innocents pour punir un coupable.
J'ose tout contre lui, mais je crains tout pour eux.

EUPHORBE

Auguste s'est lassé d'être si rigoureux ;
765 En ces occasions, ennuyé[2] de supplices,
Ayant puni les chefs, il pardonne aux complices.
Si toutefois pour eux vous craignez son courroux,
Quand vous lui parlerez, parlez au nom de tous.

MAXIME

Nous disputons en vain, et ce n'est que folie
770 De vouloir par sa perte acquérir Émilie :
Ce n'est pas le moyen de plaire à ses beaux yeux
Que de priver du jour ce qu'elle aime le mieux.

---

1. *César* : désigne ici Auguste; 2. *Ennuyé* : profondément lassé, dégoûté.

● **QUESTIONS** ●

● Vers 744-763. Comment Euphorbe pousse-t-il, selon un raisonnement logique, son attaque contre Cinna ? Maxime peut-il trouver vraisemblable que Cinna vise à l'empire ? Montrez que son indignation n'a plus le même objet qu'au vers 73.

Pour moi j'estime peu qu'Auguste me la donne :
Je veux gagner son cœur plutôt que sa personne,
775 Et ne fais point d'état[1] de sa possession,
Si je n'ai point de part à son affection.
Puis-je la mériter par une triple offense ?
Je trahis son amant★, je détruis sa vengeance,
Je conserve le sang[2] qu'elle veut voir périr ;
780 Et j'aurais quelque espoir qu'elle me pût chérir ?

EUPHORBE

C'est ce qu'à dire vrai je vois fort difficile.
L'artifice[3] pourtant vous y peut être utile ;
Il en faut trouver un qui la puisse abuser,
Et du reste le temps en[4] pourra disposer.

MAXIME

785 Mais si pour s'excuser il nomme sa complice,
S'il arrive qu'Auguste avec lui la punisse,
Puis-je lui demander, pour prix de mon rapport,
Celle qui nous oblige à conspirer[5] sa mort ?

EUPHORBE

Vous pourriez m'opposer tant et de tels obstacles
790 Que pour les surmonter il faudrait des miracles ;
J'espère, toutefois, qu'à force d'y rêver...

MAXIME

Éloigne-toi ; dans peu j'irai te retrouver :
Cinna vient, et je veux en tirer quelque chose,
Pour mieux résoudre après ce que je me propose.

---

1. Point de cas (*faire état de quelque chose*, se dit encore en ce sens) ; 2. *Le sang :* la personne ; 3. *Artifice :* ruse ; 4. *En :* de l'artifice ; 5. *Conspirer* est transitif, ici.

─────── **QUESTIONS** ───────

● Vers 764-794. Euphorbe vient-il à bout de la résistance de Maxime ? La dernière objection de Maxime ne montre-t-elle pas un certain « réalisme » chez celui-ci ? Trouvez dans d'autres héros de Corneille la même attitude dans des situations comparables.

■ Sur l'ensemble de la scène première. — Le personnage d'Euphorbe ; est-ce vraiment un caractère ? Comparez-le à Narcisse dans *Britannicus* ; pourquoi ce dernier a-t-il plus de relief ?

— Appréciez le caractère de Maxime : quelles qualités faut-il lui reconnaître ? A-t-il une grande force de caractère ?

Phot. Agnès Varda.

JEAN VILAR DANS LE RÔLE D'AUGUSTE
Théâtre national populaire (1954).

Phot. Lipnitzki.

« Il suffit, je t'entends;
Je vois ton repentir et tes vœux inconstants... »
(Vers 931-932.)

CINNA A LA COMÉDIE-FRANÇAISE (1951)

Scène II. — CINNA, MAXIME

MAXIME

795 Vous me semblez pensif.

CINNA

Ce n'est pas sans sujet.

MAXIME

Puis-je d'un tel chagrin savoir quel est l'objet?

CINNA

Émilie et César, l'un et l'autre me gêne★ :
L'un me semble trop bon, l'autre trop inhumaine.
Plût aux dieux que César employât mieux ses soins★,
800 Et s'en¹ fît plus aimer, ou m'aimât un peu moins;
Que sa bonté touchât la beauté qui me charme,
Et la pût adoucir comme elle me désarme!
Je sens au fond du cœur mille remords cuisants,
Qui rendent à mes yeux tous ses bienfaits présents;
805 Cette faveur si pleine, et si mal reconnue,
Par un mortel reproche à tous moments me tue.
Il me semble surtout incessamment² le voir
Déposer en nos mains son absolu pouvoir,
Écouter nos avis, m'applaudir et me dire :
810 « Cinna, par vos conseils, je retiendrai l'empire :
Mais je le retiendrai pour vous en faire part »;
Et je puis dans son sein enfoncer un poignard!
Ah! plutôt... Mais, hélas! j'idolâtre Émilie;
Un serment exécrable à sa haine me lie;
815 L'horreur qu'elle a de lui me le rend odieux :
Des deux côtés j'offense et ma gloire★ et les dieux;
Je deviens sacrilège, ou je suis parricide³,
Et vers⁴ l'un ou vers l'autre il faut être perfide.

---

1. *En :* d'Émilie; 2. *Incessamment :* sans cesse; 3. *Parricide :* voir v. 251; 4. *Vers :* envers : voir v. 464.

— **QUESTIONS** —

● Vers 795-818. Pourquoi Cinna a-t-il maintenant des remords? Ce revirement est-il vraisemblable au point de vue psychologique? Quel est le conflit de passions et de devoirs qui se pose à Cinna? Relevez les vers qui mettent en relief cette opposition.

MAXIME

Vous n'aviez point tantôt ces agitations ;
820 Vous paraissiez plus ferme en vos intentions ;
Vous ne sentiez au cœur ni remords ni reproche.

CINNA

On ne les sent aussi que quand le coup[1] approche,
Et l'on ne reconnaît[2] de semblables forfaits
Que quand la main s'apprête à venir aux effets★.
825 L'âme, de son dessein jusque-là possédée,
S'attache aveuglément à sa première idée ;
Mais alors quel esprit n'en devient point troublé ?
Ou plutôt quel esprit n'en est point accablé ?
Je crois que Brute même, à tel point[3] qu'on le prise,
830 Voulut plus d'une fois rompre son entreprise,
Qu'avant que de frapper, elle lui fit sentir
Plus d'un remords en l'âme, et plus d'un repentir.

MAXIME

Il eut trop de vertu★ pour tant d'inquiétude ;
Il ne soupçonna point sa main d'ingratitude,
835 Et fut contre un tyran d'autant plus animé
Qu'il en reçut de biens et qu'il s'en vit aimé[4].
Comme vous l'imitez, faites la même chose,
Et formez vos remords d'une plus juste cause,
De vos lâches conseils, qui seuls ont arrêté
840 Le bonheur renaissant de notre liberté.
C'est vous seul aujourd'hui qui nous l'avez ôtée ;
De la main de César Brute l'eût acceptée,
Et n'eût jamais souffert qu'un intérêt léger
De vengeance ou d'amour l'eût remise en danger.
845 N'écoutez plus la voix d'un tyran qui vous aime,

---

1. *Le coup :* l'acte ; **2.** *Reconnaître :* voir la nature de ; **3.** A quelque point que ;
4. Qu'il en reçut plus de biens et qu'il s'en vit plus aimé.

──────── QUESTIONS ────────

● Vers 819-832. Est-ce par lâcheté que Cinna hésite à agir ? Comment a-t-il pris conscience des passions qui l'agitent ?
● Vers 833-850. En évoquant à son tour l'exemple de Brutus, Maxime emploie-t-il un argument habile pour faire persévérer Cinna dans le crime ? Le patriotisme est-il le seul sentiment qui anime Maxime ?

Et vous veut faire part de son pouvoir suprême ;
Mais entendez crier Rome à votre côté :
« Rends-moi, rends-moi, Cinna, ce que tu m'as ôté ;
Et si tu m'as tantôt préféré ta maîtresse*,
850 Ne me préfère pas le tyran qui m'oppresse[1]. »

CINNA

Ami, n'accable plus un esprit malheureux
Qui ne forme qu'en lâche un dessein généreux*.
Envers nos citoyens je sais quelle est ma faute,
Et leur rendrai bientôt tout ce que je leur ôte ;
855 Mais pardonne aux abois[2] d'une vieille amitié[3],
Qui ne peut expirer sans me faire pitié,
Et laisse-moi, de grâce, attendant Émilie,
Donner un libre cours à ma mélancolie[4].
Mon chagrin t'importune, et le trouble où je suis
860 Veut de la solitude à calmer tant d'ennuis.

MAXIME

Vous voulez rendre compte à l'objet qui vous blesse[5]
De la bonté d'Octave et de votre faiblesse ;
L'entretien des amants* veut un entier secret.
Adieu : je me retire en confident discret.

---

1. *Oppresser* : opprimer. La distinction que fait le français moderne entre *oppresser* et *opprimer* n'existait pas au XVIIᵉ siècle ; 2. *Abois* : Les abois sont les aboiements des chiens forçant le cerf ; puis le moment où le cerf est à la dernière extrémité. D'où, au sens figuré, les derniers sursauts d'un sentiment ; 3. *Amitié*, pour Auguste ; 4. *Mélancolie* : désespoir profond ; 5. Émilie, désignée ici par une périphrase du langage galant de l'époque.

--- **QUESTIONS** ---

● Vers 851-864. Cinna est-il conscient de la situation d'infériorité dans laquelle il se trouve en face de Maxime ? Pourquoi ? — Dégagez de cette tirade les termes qui révèlent l'irrésolution de Cinna, mais aussi sa lucidité. — Sur quel ton Maxime prend-il congé de Cinna ?

■ Sur l'ensemble de la scène II. — Montrez que cette scène est un coup de théâtre sur le plan psychologique : Maxime retrouve-t-il devant lui le même Cinna qu'il a quitté à la fin de l'acte II ? Mais Maxime lui-même n'a-t-il pas changé de sentiment ? L'idéal républicain est-il maintenant le seul motif qui l'anime ? Quelle conséquence en résulte dans la situation réciproque des deux personnages ?
— Quant à Cinna, fait-il ses confidences par amitié sincère ou par simple besoin de faire partager à un autre le poids de ses remords ?
— Quel sentiment le spectateur éprouve-t-il à la fin de cette scène ?

Scène III. — CINNA

865 Donne un plus digne nom[1] au glorieux empire[2]
   Du noble sentiment[3] que la vertu* m'inspire,
   Et que l'honneur oppose au coup précipité
   De mon ingratitude et de ma lâcheté;
   Mais plutôt continue à le nommer faiblesse,
870 Puisqu'il devient si faible auprès d'une maîtresse*,
   Qu'il respecte un amour qu'il devrait étouffer,
   Ou que, s'il le combat, il n'ose en triompher.
   En ces extrémités, quel conseil[4] dois-je prendre?
   De quel côté pencher? à quel parti me rendre?
875   Qu'une âme généreuse* a de peine à faillir!
   Quelque fruit que par là j'espère de cueillir,
   Les douceurs de l'amour, celles de la vengeance,
   La gloire d'affranchir le lieu de ma naissance,
   N'ont point assez d'appas pour flatter ma raison,
880 S'il les faut acquérir par une trahison,
   S'il faut percer le flanc d'un prince magnanime
   Qui du peu que je suis fait une telle estime,
   Qui me comble d'honneurs, qui m'accable de biens,
   Qui ne prend pour régner de conseils que les miens.
885 O coup[5]! ô trahison trop indigne d'un homme!
   Dure, dure à jamais l'esclavage de Rome!
   Périsse mon amour, périsse mon espoir,
   Plutôt que de ma main parte un crime si noir!
   Quoi? ne m'offre-t-il pas tout ce que je souhaite,
890 Et qu'au prix de son sang ma passion achète?
   Pour jouir de ses dons faut-il l'assassiner?
   Et faut-il lui ravir ce qu'il me veut donner?
      Mais je dépends de vous, ô serment téméraire,
   O haine d'Émilie[6], ô souvenir d'un père!
895 Ma foi, mon cœur, mon bras, tout vous est engagé,
   Et je ne puis plus rien que par votre congé[7]:
   C'est à vous à régler ce qu'il faut que je fasse;
   C'est à vous, Émilie, à lui donner sa grâce;
   Vos seules volontés président à son sort,

---

1. Un nom plus digne que celui de faiblesse (v. 869); 2. *Empire* : ascendant, influence; 3. Les scrupules qu'il éprouve; 4. *Conseil :* résolution; 5. *Coup :* action; 6. Haine qu'éprouve Émilie pour Auguste; 7. *Congé :* permission.

900 Et tiennent en mes mains et sa vie et sa mort.
O dieux, qui comme vous la rendez adorable,
Rendez-la, comme vous, à mes vœux exorable[1];
Et puisque de ses lois je ne puis m'affranchir,
Faites qu'à mes désirs je la puisse fléchir.
905 Mais voici de retour cette aimable inhumaine.

SCÈNE IV. — ÉMILIE, CINNA, FULVIE

ÉMILIE

Grâces aux dieux, Cinna, ma frayeur était vaine :
Aucun de tes amis ne t'a manqué de foi★,
Et je n'ai point eu lieu de m'employer pour toi.
Octave en ma présence a tout dit à Livie,
910 Et par cette nouvelle il m'a rendu la vie.

CINNA

Le désavouerez-vous, et du don qu'il me fait[2]
Voudrez-vous retarder le bienheureux effet★ ?

ÉMILIE

L'effet★ est en ta main.

---

1. *Exorable* : capable de se laisser fléchir. Le mot est rare, même au XVIIᵉ siècle, alors que son contraire, *inexorable*, est usuel; 2. Le don que fait Auguste en lui donnant Émilie.

──────── QUESTIONS ────────

■ SUR LA SCÈNE III. — Comment est composé ce monologue ? Nous apprend-il quelque chose de nouveau par rapport à la scène précédente ?
— Cinna a-t-il le droit de se considérer comme une âme généreuse (v. 875) ? Pourquoi s'en remet-il à Émilie de la décision qu'il doit prendre ?
— Comparez ce monologue à celui d'Émilie (acte premier, scène première).
— La place de ce monologue dans l'ensemble de la tragédie : à quoi voit-on que Corneille veut en faire un moment décisif de l'action ?

● VERS 906-917. Montrez que, dès les premières paroles d'Émilie, l'atmosphère est renouvelée. — Quelle situation dramatique se trouve créée par cette assurance d'Émilie en face de l'embarras de son amant ?

CINNA

Mais plutôt en la vôtre.

ÉMILIE

Je suis toujours moi-même, et mon cœur n'est point
[autre :
915 Me donner à Cinna, c'est ne lui donner rien,
C'est seulement lui faire un présent de son bien.

CINNA

Vous pouvez toutefois... ô ciel! l'osé-je dire?

ÉMILIE

Que puis-je? et que crains-tu?

CINNA

Je tremble, je soupire,
Et vois que si nos cœurs avaient mêmes désirs,
920 Je n'aurais pas besoin d'expliquer mes soupirs.
Ainsi je suis trop sûr que je vais vous déplaire;
Mais je n'ose parler, et je ne puis me taire.

ÉMILIE

C'est trop me gêner*, parle.

CINNA

Il faut vous obéir.
Je vais donc vous déplaire, et vous m'allez haïr.
925   Je vous aime, Émilie, et le ciel me foudroie[1]
Si cette passion ne fait toute ma joie,
Et si je ne vous aime avec toute l'ardeur*
Que peut un digne objet attendre d'un grand cœur!
Mais voyez à quel prix vous me donnez votre âme :
930 En me rendant heureux, vous me rendez infâme;
Cette bonté d'Auguste...

---

1. *Me foudroie :* subjonctif.

─── **QUESTIONS** ───

● Vers 918-931. En d'autres circonstances, les hésitations de Cinna ne
paraîtraient-elles pas comiques? Quel effet peut produire sur Émilie le
vers 931?

ÉMILIE

Il suffit, je t'entends;
Je vois ton repentir et tes vœux inconstants :
Les faveurs du tyran emportent[1] tes promesses,
Tes feux* et tes serments cèdent à ses caresses[2],
935 Et ton esprit crédule ose s'imaginer
Qu'Auguste, pouvant tout, peut aussi me donner.
Tu me veux de sa main plutôt que de la mienne;
Mais ne crois pas qu'ainsi jamais je t'appartienne :
Il peut faire trembler la terre sous ses pas,
940 Mettre un roi hors du trône et donner ses États,
De ses proscriptions rougir la terre et l'onde,
Et changer à son gré l'ordre de tout le monde[3],
Mais le cœur d'Émilie est hors de son pouvoir.

CINNA

Aussi n'est-ce qu'à vous que je veux le devoir.
945 Je suis toujours moi-même, et ma foi toujours pure :
La pitié que je sens ne me rend point parjure :
J'obéis sans réserve à tous vos sentiments,
Et prends vos intérêts par-delà mes serments[4].
J'ai pu[5], vous le savez, sans parjure et sans crime,
950 Vous laisser échapper cette illustre victime.
César, se dépouillant du pouvoir souverain,
Nous ôtait tout prétexte à lui percer le sein;
La conjuration s'en allait dissipée,
Vos desseins avortés, votre haine trompée :
955 Moi seul j'ai raffermi son esprit étonné*,
Et pour vous l'immoler ma main l'a couronné.

---

1. *Emporter* : faire disparaître; 2. *Caresses* : marques d'affection; 3. *Tout le monde* : le monde entier; 4. Plus que mes serments ne m'y obligent; 5. *J'ai pu* : j'aurais pu.

─────── **QUESTIONS** ───────

● Vers 932-948. La réaction d'Émilie trahit-elle la colère, le dépit ? Montrez que son orgueil blessé crée un malentendu tragique entre Cinna et elle. — Cinna dit-il vrai au vers 945 ? Montrez qu'il n'a pas changé, précisément parce qu'il a toujours été guidé par l'amour.

● Vers 949-960. Cinna a-t-il raison d'évoquer ici le moment où il a conseillé à Auguste de garder le pouvoir ? N'est-ce pourtant pas la vérité ? L'indignation d'Émilie ne s'appuie-t-elle pas sur une logique irréfutable ?

ÉMILIE

Pour me l'immoler, traître! et tu veux que moi-même
Je retienne ta main! qu'il vive, et que je l'aime!
Que je sois le butin de qui l'ose épargner,
960 Et le prix du conseil qui le force à régner!

CINNA

Ne me condamnez point quand je vous ai servie :
Sans moi, vous n'auriez plus de pouvoir sur sa vie;
Et malgré ses bienfaits, je rends tout à l'amour,
Quand je veux qu'il périsse ou vous doive le jour;
965 Avec les premiers vœux de mon obéissance[1],
Souffrez ce faible effort de ma reconnaissance[2],
Que je tâche de vaincre un indigne[3] courroux,
Et vous donner[4] pour lui l'amour qu'il a pour vous.
Une âme généreuse★, et que la vertu★ guide,
970 Fuit la honte des noms d'ingrate et de perfide;
Elle en hait l'infamie attachée au bonheur[5],
Et n'accepte aucun bien aux dépens de l'honneur.

ÉMILIE

Je fais gloire★, pour moi, de cette ignominie :
La perfidie est noble envers la tyrannie;
975 Et quand on rompt le cours d'un sort si malheureux[6],
Les cœurs les plus ingrats sont les plus généreux★.

CINNA

Vous faites[7] des vertus★ au gré de votre haine.

ÉMILIE

Je me fais des vertus★ dignes d'une Romaine.

CINNA

Un cœur vraiment romain...

ÉMILIE

                    Ose tout pour ravir

---

1. *Mon obéissance* à votre égard; 2. *Reconnaissance* à l'égard d'Auguste;
3. *Indigne :* injuste; 4. Et *de* vous donner; 5. Même si cette infamie procure le
bonheur; 6. *Malheureux :* funeste (il s'agit d'Auguste); 7. *Vous faites :* vous
imaginez.

980 Une odieuse vie à qui le fait servir[1] :
Il fuit plus que la mort la honte d'être esclave.

CINNA

C'est l'être avec honneur que de l'être d'Octave ;
Et nous voyons souvent des rois à nos genoux[2]
Demander pour appui tels esclaves que nous.
985 Il abaisse à nos pieds l'orgueil des diadèmes,
Il nous fait souverains sur leurs grandeurs suprêmes,
Il prend d'eux les tributs dont il nous enrichit
Et leur impose un joug dont il nous affranchit.

ÉMILIE

L'indigne ambition que ton cœur se propose !
990 Pour être[3] plus qu'un roi, tu te crois quelque chose !
Aux deux bouts de la terre en est-il un si vain
Qu'il prétende égaler un citoyen romain ?
Antoine sur sa tête attira notre haine
En se déshonorant par l'amour d'une reine[4] ;
995 Attale[5], ce grand roi, dans la pourpre blanchi,
Qui du peuple romain se nommait l'affranchi,
Quand de toute l'Asie il se fût vu l'arbitre,
Eût encor moins prisé son trône que ce titre.
Souviens-toi de ton nom, soutiens sa dignité ;
1000 Et, prenant d'un Romain la générosité*,
Sache qu'il n'en est point que le ciel n'ait fait naître

---

1. *Servir :* être esclave ; **2.** Certains princes d'Orient sollicitaient en effet le patronage de simples citoyens romains ; **3.** *Pour être :* parce que tu es ; **4.** Cléopâtre, reine d'Égypte, s'allia avec Antoine lorsque celui-ci, après la mort de César, fut chargé des affaires d'Orient. Cédant à toutes les volontés de la reine, Antoine agrandit le royaume d'Égypte par ses conquêtes ; **5.** *Attale :* roi de Pergame, admirateur de Rome, institua les Romains ses héritiers (133 av. J.-C.).

QUESTIONS

● VERS 961-981. Comment s'accentue le contraste entre le ton de Cinna et celui d'Émilie ? La longueur même des répliques ne témoigne-t-elle pas de cette opposition ? Sur quels mots se heurtent maintenant les deux antagonistes ? — Comment l'antithèse du vers 978 résume-t-elle l'attitude de Cinna ?
● VERS 982-988. Comparez à ce plaidoyer pour Auguste les déclarations du même Cinna sur la liberté et le joug odieux de la tyrannie. A quel moment Cinna est-il sincère, et pourquoi ?

Pour commander aux rois et pour vivre sans maître.

CINNA

Le ciel a trop fait voir en de tels attentats
Qu'il hait les assassins et punit les ingrats;
1005 Et quoi qu'on entreprenne, et quoi qu'on exécute,
Quand il élève un trône, il en venge la chute;
Il se met du parti de ceux qu'il fait régner;
Le coup dont on les tue est longtemps à saigner;
Et quand à les punir il a pu se résoudre,
1010 De pareils châtiments n'appartiennent qu'au foudre[1].

ÉMILIE

Dis que de leur parti toi-même tu te rends,
De te remettre au foudre[2] à punir les tyrans.
  Je ne t'en parle plus, va, sers la tyrannie;
Abandonne ton âme à son lâche génie[3];
1015 Et pour rendre le calme à ton esprit flottant,
Oublie et ta naissance et le prix qui t'attend.
Sans emprunter ta main pour servir ma colère,
Je saurai bien venger mon pays et mon père.
J'aurais déjà l'honneur d'un si fameux trépas,
1020 Si l'amour jusqu'ici n'eût arrêté mon bras :
C'est lui qui, sous tes lois me tenant asservie,
M'a fait en ta faveur prendre soin de ma vie.
Seule contre un tyran, en le faisant périr,
Par les mains de sa garde il me fallait mourir :
1025 Je t'eusse par ma mort dérobé ta captive[4];
Et comme pour toi seul l'amour veut que je vive,
J'ai voulu, mais en vain, me conserver pour toi
Et te donner moyen d'être digne de moi.
  Pardonnez-moi, grands dieux, si je me suis trompée

---

1. *Au foudre :* à la foudre (au XVIIe siècle, le mot est masculin ou féminin);
2. En t'en remettant à la foudre; 3. *Génie :* dispositions, tendances naturelles;
4. *Ta captive :* langage de la galanterie.

─────── QUESTIONS ───────────────────────

● VERS 989-1002. Sur quel plan Émilie porte-t-elle la discussion ? Prend-elle l'avantage sur ce terrain ?

● VERS 1003-1012. En invoquant le ciel et la justice du destin, Cinna réussit-il à élever le débat ? Que pense Émilie de la façon dont Cinna conçoit ses responsabilités ?

1030 Quand j'ai pensé chérir un neveu[1] de Pompée,
Et si d'un faux semblant mon esprit abusé
A fait choix d'un esclave en son lieu supposé[2].
Je t'aime toutefois, quel que tu puisses être,
Et si pour me gagner il faut trahir ton maître,
1035 Mille autres à l'envi recevraient cette loi,
S'ils pouvaient m'acquérir à même prix que toi.
Mais n'appréhende pas qu'un autre ainsi m'obtienne.
Vis pour ton cher tyran, tandis que je meurs tienne :
Mes jours avec les siens se vont précipiter,
1040 Puisque ta lâcheté n'ose me mériter.
Viens me voir, dans son sang et dans le mien baignée,
De ma seule vertu* mourir accompagnée
Et te dire en mourant d'un esprit satisfait :
« N'accuse point mon sort, c'est toi seul qui l'as fait;
1045 Je descends dans la tombe où[3] tu m'as condamnée,
Où la gloire* me suit qui t'était destinée :
Je meurs en détruisant un pouvoir absolu;
Mais je vivrais à toi, si tu l'avais voulu. »

CINNA

Eh bien! vous le voulez, il faut vous satisfaire,
1050 Il faut affranchir Rome, il faut venger un père,
Il faut sur un tyran porter de justes coups;
Mais apprenez qu'Auguste est moins tyran que vous :
S'il nous ôte à son gré nos biens, nos jours, nos femmes,
Il n'a point jusqu'ici tyrannisé nos âmes;
1055 Mais l'empire inhumain qu'exercent vos beautés
Force jusqu'aux esprits et jusqu'aux volontés.
Vous me faites priser[4] ce qui me déshonore;
Vous me faites haïr ce que mon âme adore;

---

1. *Neveu* : petit-fils; 2. *Supposé :* substitué; mis à sa place; 3. *Où :* à laquelle;
4. *Priser :* estimer.

--- QUESTIONS ---

● VERS 1013-1048. Quels sont les arguments d'Émilie ? Montrez avec
quelle habileté bien féminine elle stimule le courage de Cinna, commen-
çant par l'ironie et l'imprécation, pour finir par l'élégie, lui disant adieu
alors qu'elle fait tout pour le ramener à elle. Comparez avec Rodrigue,
voulant attendrir Chimène (*le Cid*, V, I), et avec Hermione, reprochant
à Oreste son hésitation à tuer Pyrrhus (*Andromaque*, IV, III).

Vous me faites répandre un sang pour qui je dois
1060 Exposer tout le mien et mille et mille fois :
Vous le voulez, j'y cours, ma parole est donnée;
Mais ma main, aussitôt contre mon sein tournée,
Aux mânes d'un tel prince immolant votre amant*,
A mon crime forcé joindra mon châtiment
1065 Et, par cette action dans l'autre confondue,
Recouvrera ma gloire* aussitôt que perdue.
Adieu.

Scène V. — ÉMILIE, FULVIE

FULVIE

Vous avez mis son âme au désespoir.

ÉMILIE

Qu'il cesse de m'aimer, ou suive son devoir.

FULVIE

Il va vous obéir aux dépens de sa vie :
1070 Vous en pleurez!

ÉMILIE

Hélas! cours après lui, Fulvie,
Et si ton amitié daigne me secourir,
Arrache-lui du cœur ce dessein de mourir :
Dis-lui...

FLUVIE

Qu'en sa faveur vous laissez vivre Auguste?

──── **QUESTIONS** ────────────────────

● Vers 1049-1068. Le ton de dépit sur lequel Cinna commence sa réplique n'est-il pas un peu ridicule? Montrez que néanmoins il se rachète peu à peu : y a-t-il pour lui, à ce moment de l'action, une autre solution que celle qu'il se propose? Comment peut-on juger alors la menace formulée auparavant par Émilie?

■ Sur l'ensemble de la scène IV. — Deux volontés s'affrontent dans cette scène : montrez comment Cinna subit l'ascendant d'Émilie, malgré ses timides efforts pour l'amener à partager son point de vue. Sa timidité, sa docilité, entraînent-elles notre sympathie ou notre pitié?

— L'intransigeance d'Émilie : son idéal justifie-t-il, à vos yeux, sa raideur? Ce refus de comprendre, comment l'expliquez-vous?

— Émilie n'est-elle pas plus « frondeuse » que « romaine »?

ÉMILIE

Ah! c'est faire à ma haine une loi trop injuste.

FULVIE

1075 Et quoi donc?

ÉMILIE

Qu'il achève et dégage sa foi[1]★,
Et qu'il choisisse après de la mort ou de moi.

ACTE IV

Dans l'appartement d'Auguste.

SCÈNE PREMIÈRE. — AUGUSTE, EUPHORBE,
POLYCLÈTE, GARDE

AUGUSTE

Tout ce que tu me dis, Euphorbe, est incroyable.

EUPHORBE

Seigneur, le récit même en paraît effroyable :
On ne conçoit qu'à peine une telle fureur★,
1080 Et la seule pensée en fait frémir d'horreur.

---

1. Qu'il tienne sa parole (en tuant Auguste). On peut *dégager sa foi* soit en accomplissant ce qu'on s'est engagé à faire, soit en retirant sa parole, si les conditions auxquelles on s'est engagé ne sont pas remplies; mais ce n'est pas le cas ici, puisque Émilie n'a rien changé à ses promesses.

--- QUESTIONS ---

■ SUR LA SCÈNE V. — L'intérêt psychologique et dramatique de cette scène? L'importance des v. 1075-1076 : Émilie revient-elle sur ce qu'elle a dit? Est-il important qu'elle fasse demander à Cinna de faire lui-même son choix?

■ SUR L'ENSEMBLE DE L'ACTE III. — L'intérêt dramatique de ce troisième acte : comment l'action se développe-t-elle?

— Dans cette tragédie, consacrée aux passions et aux conflits qui assaillent les responsables d'une conspiration, quelle image donne ce troisième acte des dessous d'un complot? Dégagez-en la morale qu'en pouvaient tirer les contemporains de Corneille. Cette morale garde-t-elle une valeur actuelle?

— Des trois personnages engagés dans cet acte (Maxime, Émilie, Cinna), quel est celui qui vous intéresse le plus?

AUGUSTE

Quoi ? mes plus chers amis ! quoi ? Cinna ! quoi ? Maxime !
Les deux que j'honorais d'une si haute estime,
A qui j'ouvrais mon cœur, et dont j'avais fait choix
Pour les plus importants et plus nobles emplois !
1085 Après qu'entre leurs mains j'ai remis mon empire,
Pour m'arracher le jour l'un et l'autre conspire !
Maxime a vu sa faute, il m'en fait avertir,
Et montre un cœur touché d'un juste repentir ;
Mais Cinna !

EUPHORBE

             Cinna seul dans sa rage s'obstine,
1090 Et contre vos bontés d'autant plus se mutine ;
Lui seul combat encor les vertueux efforts[1]
Que sur les conjurés fait ce juste remords[2],
Et, malgré les frayeurs à leurs regrets mêlées,
Il tâche à raffermir leurs âmes ébranlées.

AUGUSTE

1095 Lui seul les encourage, et lui seul les séduit* !
O le plus déloyal que la terre ait produit !
O trahison conçue au sein d'une furie !
O trop sensible coup d'une main si chérie !
Cinna, tu me trahis ! Polyclète, écoutez.

             (Il lui parle à l'oreille.)

POLYCLÈTE

1100 Tous vos ordres, Seigneur, seront exécutés.

AUGUSTE

Qu'Éraste en même temps aille dire à Maxime
Qu'il vienne recevoir le pardon de son crime.

             (Polyclète rentre.)

EUPHORBE

Il l'a jugé trop grand pour ne pas s'en punir :

---

1. *Efforts* : effets ; 2. *Remords* : celui de Maxime.

● QUESTIONS

● Vers 1077-1099. Le spectateur est-il surpris de voir Euphorbe dénoncer
le complot ? Peut-on parler d'un coup de théâtre ? Quel effet dramatique
produit cet événement au moment même où Cinna vient de se décider
à agir ? — Montrez qu'Euphorbe fait retomber toute la responsabilité
du complot sur Cinna. Devine-t-on pourquoi ?

A peine du palais il a pu revenir,
1105 Que, les yeux égarés et le regard farouche,
Le cœur gros de soupirs, les sanglots à la bouche,
Il déteste[1] sa vie et ce complot maudit,
M'en apprend l'ordre[2] entier tel que je vous l'ai dit,
Et, m'ayant commandé que je vous avertisse,
1110 Il ajoute : « Dis-lui que je me fais justice,
Que je n'ignore point ce que j'ai mérité. »
Puis soudain dans le Tibre il s'est précipité,
Et l'eau grosse et rapide, et la nuit assez noire,
M'ont dérobé la fin de sa tragique histoire.

AUGUSTE

1115 Sous ce pressant remords il a trop succombé
Et s'est à mes bontés lui-même dérobé ;
Il n'est crime envers moi qu'un repentir n'efface.
Mais puisqu'il a voulu renoncer à ma grâce,
Allez pourvoir au reste, et faites qu'on ait soin
1120 De tenir en lieu sûr ce fidèle témoin[3].

SCÈNE II. — AUGUSTE

Ciel, à qui voulez-vous désormais que je fie[4]
Les secrets de mon âme et le soin de ma vie ?
Reprenez le pouvoir que vous m'avez commis[5]
Si donnant des sujets il ôte les amis ;
1125 Si tel est le destin des grandeurs souveraines

---

1. *Détester* : maudire ; 2. *L'ordre* : le plan ; 3. Il s'agit évidemment d'Euphorbe ;
4. *Fier* : ici confier ; 5. *Commettre* : remettre, confier.

─────── **QUESTIONS** ───────

● VERS 1100-1120. Quels sont les sentiments d'Auguste à l'égard de Maxime ? Est-ce vraiment ici de la clémence ? — Étudiez le récit du « suicide » de Maxime (v. 1103-1114) : d'après ce que nous savons de Maxime et d'Euphorbe, peut-on croire à la véracité de ce récit ? — Pourquoi Auguste fait-il arrêter Euphorbe ?

■ SUR L'ENSEMBLE DE LA SCÈNE PREMIÈRE. — Pourquoi Maxime fait-il révéler la conjuration par Euphorbe ? « Si le trouble de Cinna, celui de Maxime, celui d'Émilie ouvraient les yeux de l'empereur, cela ferait beaucoup plus noble et plus théâtral », dit Voltaire. En ce cas, quelles sont les scènes qui ne pourraient plus se produire ? Qu'est-ce qu'y perdrait l'intrigue ? Qu'est-ce qu'y perdraient les caractères ?

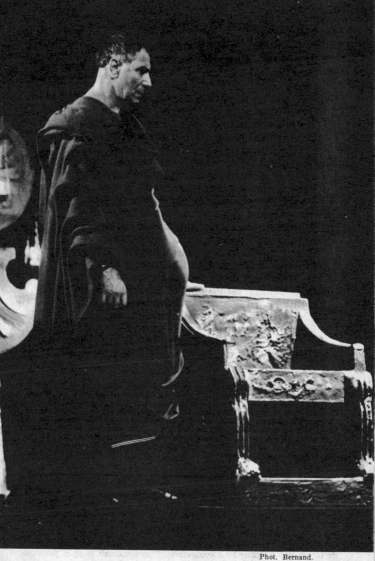

Phot. Bernand.

« Rentre en toi-même, Octave, et cesse de te plaindre. »

(Vers 1130.)

CINNA AU THÉÂTRE SARAH-BERNHARDT (1962)
Jean Davy dans le rôle d'Auguste.

Que leurs plus grands bienfaits n'attirent que des haines,
Et si votre rigueur les condamne à chérir
Ceux que vous animez[1] à les faire périr.
Pour elles rien n'est sûr ; qui peut tout doit tout craindre.
1130 Rentre en toi-même, Octave, et cesse de te plaindre.
Quoi ! tu veux qu'on t'épargne, et n'as rien épargné !
Songe aux fleuves de sang où ton bras s'est baigné,
De combien[2] ont rougi les champs de Macédoine[3],
Combien en a versé la défaite d'Antoine[4],
1135 Combien celle de Sexte[5], et revois tout d'un temps
Pérouse[6] au sien[7] noyée, et tous ses habitants ;
Remets dans ton esprit, après tant de carnages,
De tes proscriptions[8] les sanglantes images,
Où toi-même, des tiens devenu le bourreau,
1140 Au sein de ton tuteur[9] enfonças le couteau :
Et puis ose accuser le destin d'injustice,
Quand tu vois que les tiens s'arment pour ton supplice,
Et que, par ton exemple à ta perte guidés,
Ils violent des droits que tu n'as pas gardés !
1145 Leur trahison est juste, et le ciel l'autorise :
Quitte ta dignité comme tu l'as acquise ;
Rends un sang infidèle à l'infidélité,
Et souffre des ingrats après l'avoir été.
    Mais que mon jugement au besoin[10] m'abandonne !
1150 Quelle fureur*, Cinna, m'accuse et te pardonne ?

---

1. *Animer* : pousser ; 2. *De combien* de sang (Voltaire critiquait cette tournure) ;
3. Lors de la bataille de Philippes (42 av. J.-C.), où les meurtriers de César, Brutus
et Cassius, furent battus par Octave et Antoine ; 4. A la bataille navale d'Actium
(31 av. J.-C.) ; 5. Allusion à la bataille navale de Nauloque (36 av. J.-C.) où Sextus
Pompée, fils du grand Pompée, fut battu par Agrippa ; 6. *Pérouse* révoltée contre
Octave fut prise par lui et tous ses habitants furent massacrés (40 av. J.-C.) ;
7. *Au sien* : dans le sien ; 8. Celles qui eurent lieu en 43 sous le triumvirat d'Octave,
Antoine et Lépide ; Cicéron en fut la plus illustre victime ; 9. Toranius, père d'Émilie.
10. *Au besoin* : dans le besoin.

─────── QUESTIONS ───────

● VERS 1121-1129. Que signifie ce recours au Ciel ? Comment Auguste
conçoit-il la mission du souverain ? Comparez cette attitude d'Auguste
à celle qu'il avait au début de l'acte II. A-t-il autant d'assurance ?
● VERS 1130-1148. Pourquoi Auguste est-il amené à évoquer son passé ?
Est-ce par remords ? — L'image qu'il donne de son passé politique
est-elle exacte ? Quelle impression fait sur le spectateur ce brusque rappel
de la cruauté d'Octave ? La sympathie qu'on éprouvait pour le personnage d'Auguste n'est-elle pas remise en question ? Quelle valeur prend
en particulier le v. 1140.

Toi, dont la trahison me force à retenir
Ce pouvoir souverain dont tu me veux punir,
Me traite en criminel et fait seule mon crime,
Relève pour l'abattre un trône illégitime,
1155 Et, d'un zèle effronté couvrant son attentat,
S'oppose, pour me perdre, au bonheur de l'État?
Donc jusqu'à l'oublier je pourrais me contraindre!
Tu vivrais en repos après m'avoir fait craindre!
Non, non, je me trahis moi-même d'y penser;
1160 Qui pardonne aisément invite à l'offenser;
Punissons l'assassin, proscrivons les complices.
      Mais quoi? toujours du sang, et toujours des supplices!
Ma cruauté se lasse et ne peut s'arrêter;
Je veux me faire craindre et ne fais qu'irriter.
1165 Rome a pour ma ruine une hydre trop fertile :
Une tête coupée en fait renaître mille[1],
Et le sang répandu de mille conjurés
Rend mes jours plus maudits, et non plus assurés.
Octave, n'attends plus le coup d'un nouveau Brute :
1170 Meurs, et dérobe-lui la gloire* de ta chute;
Meurs : tu ferais pour vivre un lâche et vain effort,
Si tant de gens de cœur font des vœux pour ta mort,
Et si tout ce que Rome a d'illustre jeunesse
Pour te faire périr tour à tour s'intéresse[2];
1175 Meurs, puisque c'est un mal[3] que tu ne peux guérir;
Meurs enfin, puisqu'il faut ou tout perdre[4], ou mourir.
La vie est peu de chose, et le peu qui t'en reste
Ne vaut pas l'acheter[5] par un prix si funeste.
Meurs; mais quitte du moins la vie avec éclat;
1180 Éteins-en le flambeau dans le sang de l'ingrat;
A toi-même en mourant immole ce perfide;

---

1. L'hydre de Lerne était un monstre fabuleux, pourvu de nombreuses têtes;
Héraclès l'attaqua, mais chaque fois qu'il tranchait une tête de l'animal, il en
renaissait deux; 2. *S'intéresser à :* prendre intérêt à; 3. La haine qu'on lui porte;
4. *Perdre :* faire périr; 5. Qu'on l'achète. D'après Sénèque, Auguste aurait eu
quarante ans passés lors de la conjuration de Cinna; d'après Dion Cassius, cin-
quante-sept ans : c'est l'âge que lui donne Corneille.

QUESTIONS

● Vers 1149-1162. Comment s'explique ce deuxième mouvement du
monologue? Peut-on dire que ce soit le cruel Octave qui l'emporte
maintenant sur Auguste? Comment jugez-vous la maxime du v. 1160?

Contentant ses désirs[1], punis son parricide;
Fais un tourment pour lui de ton propre trépas,
En faisant qu'il le voie et n'en jouisse pas.
1185 Mais jouissons plutôt nous-même de sa peine[2],
Et si Rome nous hait, triomphons de sa haine.
  O Romains, ô vengeance, ô pouvoir absolu,
  O rigoureux combat d'un cœur irrésolu
Qui fuit en même temps tout ce qu'il se propose!
1190 D'un prince malheureux ordonnez quelque chose.
  Qui[3] des deux dois-je suivre, et duquel m'éloigner?
  Ou laissez-moi périr, ou laissez-moi régner.

Scène III. — AUGUSTE, LIVIE

AUGUSTE

Madame, on me trahit, et la main qui me tue
Rend sous mes déplaisirs[4] ma constance abattue.
1195 Cinna, Cinna le traître...

LIVIE

                    Euphorbe m'a tout dit,
Seigneur, et j'ai pâli cent fois à ce récit.
Mais écouteriez-vous les conseils d'une femme?

---

1. Tout en contentant ses désirs; 2. *Peine :* supplice; 3. *Qui des deux :* lequel des deux partis (sens neutre de l'interrogatif *qui*); 4. *Déplaisirs :* douleurs.

QUESTIONS

● VERS 1163-1192. Auguste revient-il exactement aux pensées qu'il avait exprimées aux v. 1130-1148? Si sa conclusion est la même, par quels motifs y parvient-il? Manifeste-t-il seulement de la lassitude?

■ SUR L'ENSEMBLE DE LA SCÈNE II. — La composition de ce monologue, son intérêt dramatique et son intérêt psychologique; faites ressortir la lucidité d'Auguste.
   — Démontrez que ce monologue est en réalité un dialogue entre Octave et Auguste; quel est l'aboutissement de cette lutte intérieure?
   — Auguste semble d'abord décidé aux solutions brutales : sa mort, celle de Cinna, ou les deux morts à la fois. Cependant l'irrésolution l'emporte, pourquoi? La clémence à laquelle songe Auguste est-elle « généreuse »?
   — Quel est l'intérêt des nombreuses allusions à l'histoire des guerres civiles?

● VERS 1193-1197. Pourquoi Corneille doit-il supposer que Livie est déjà au courant de la conspiration? Tirez-en une conclusion sur la façon dont la tragédie classique « économise » les scènes inutiles.

AUGUSTE

Hélas! de quel conseil¹ est capable mon âme?

LIVIE

Votre sévérité, sans produire aucun fruit,
1200 Seigneur, jusqu'à présent a fait beaucoup de bruit.
Par les peines d'un autre aucun ne s'intimide :
Salvidien à bas a soulevé Lépide² ;
Murène³ a succédé, Cépion l'a suivi;
Le jour à tous les deux dans les tourments ravi⁴
1205 N'a point mêlé de crainte à la fureur d'Égnace⁵,
Dont Cinna maintenant ose prendre la place;
Et dans les plus bas rangs les noms les plus abjets⁶
Ont voulu s'ennoblir par de si hauts projets.
Après avoir en vain puni leur insolence,
1210 Essayez sur Cinna ce que peut la clémence,
Faites son châtiment de sa confusion;
Cherchez le plus utile en cette occasion;
Sa peine peut aigrir* une ville animée⁷,
Son pardon peut servir à votre renommée;
1215 Et ceux que vos rigueurs ne font qu'effaroucher⁸
Peut-être à vos bontés se laisseront toucher.

AUGUSTE

Gagnons-les tout à fait en quittant cet empire
Qui nous rend odieux, contre qui l'on conspire.
J'ai trop par vos avis consulté⁹ là-dessus;
1220 Ne m'en parlez jamais, je ne consulte plus.
    Cesse de soupirer, Rome, pour ta franchise¹⁰;
Si je t'ai mise aux fers, moi-même je les brise,

---

1. Quel avis peut recevoir mon âme? Certains prennent *conseil* au sens de « résolution »; 2. L'échec de Salvidien a suscité la rébellion de Lépide. Salvidienus, lieutenant d'Octave, conspira contre lui après la paix de Brindes et fut mis à mort. Lépide, fils du triumvir, ayant projeté de faire mourir Octave au retour d'Actium, fut surpris par Mécène et mis à mort; 3. Terentius Varro Murena conspira avec Cépion, en 22 av. J.-C. Il fut mis à mort. Cépion ne le fut que plus tard, sous Tibère; 4. Le fait d'avoir ravi le jour; 5. M. Egnatius Rufus conspira quelque temps après Cépion et fut mis à mort; 6. *Abjets (abjects)* : orthographe conforme à la prononciation du xviie siècle; 7. *Animée* : excitée contre vous; 8. *Effaroucher* : rendre plus farouche, plus cruel; 9. *Consulter* : délibérer; 10. *Franchise* : liberté.

--- **QUESTIONS** ---

● Vers 1198-1216. Sur quel argument Livie justifie-t-elle la politique de clémence? La démonstration est-elle logique?

Et te rends ton État, après l'avoir conquis,
Plus paisible et plus grand que je ne te l'ai pris;
1225 Si tu me veux haïr, hais-moi sans plus rien feindre;
Si tu me veux aimer, aime-moi sans me craindre :
De tout ce qu'eut Sylla[1] de puissance et d'honneur,
Lassé comme il en fut, j'aspire à mon bonheur.

LIVIE

Assez et trop longtemps son exemple vous flatte[2];
1230 Mais gardez que sur vous le contraire n'éclate[3] :
Ce bonheur sans pareil qui conserva ses jours
Ne serait pas bonheur, s'il arrivait toujours.

AUGUSTE

Eh bien! s'il est trop grand, si j'ai tort d'y prétendre,
J'abandonne mon sang à qui voudra l'épandre[4].
1235 Après un long orage il faut trouver un port;
Et je n'en vois que deux, le repos ou la mort.

LIVIE

Quoi? vous voulez quitter le fruit de tant de peines?

AUGUSTE

Quoi? vous voulez garder l'objet de tant de haines?

LIVIE

Seigneur, vous emporter à cette extrémité,
1240 C'est plutôt désespoir que générosité*.

AUGUSTE

Régner et caresser une main si traîtresse,
Au lieu de sa vertu*, c'est montrer sa faiblesse.

---

1. *Sylla* : après trois ans de dictature, il abdiqua au début de 79 et mourut l'année suivante; 2. *Flatter* : séduire, tromper; 3. Que l'exemple contraire ne se manifeste en votre personne, c'est-à-dire : que vous ne soyez l'exemple du contraire; 4. *Epandre* : répandre.

QUESTIONS

● Vers 1217-1228. La réponse d'Auguste est-elle logique à son tour? A-t-il déjà songé à abdiquer? Cette solution prendrait-elle ici la même signification qu'au début de l'acte II?
● Vers 1229-1240. L'autre solution — la mort — est-elle, en pareille circonstance, digne d'un héros de Corneille? Montrez à ce propos l'importance du v. 1240.

LIVIE

C'est régner sur vous-même, et, par un noble choix,
Pratiquer la vertu* la plus digne des rois.

AUGUSTE

1245 Vous m'aviez bien promis des conseils d'une femme :
Vous me tenez parole, et c'en sont là, madame.
    Après tant d'ennemis à mes pieds abattus,
Depuis vingt ans je règne, et j'en[1] sais les vertus* ;
Je sais leur divers ordre[2], et de quelle nature
1250 Sont les devoirs d'un prince en cette conjoncture.
Tout son peuple est blessé par un tel attentat,
Et la seule pensée[3] est un crime d'État,
Une offense qu'on fait à toute sa province[4],
Dont il faut qu'il la venge, ou cesse d'être prince.

LIVIE

1255 Donnez moins de croyance[5] à votre passion.

AUGUSTE

Ayez moins de faiblesse, ou moins d'ambition.

LIVIE

Ne traitez plus si mal un conseil salutaire.

AUGUSTE

Le ciel m'inspirera ce qu'ici je dois faire.
Adieu : nous perdons temps.

LIVIE

                    Je ne vous quitte point,
1260 Seigneur, que mon amour n'aye[6] obtenu ce point.

AUGUSTE

C'est l'amour des grandeurs qui vous rend importune.

---

1. *En :* de l'art de régner; 2. Leur importance respective; 3. D'un tel attentat;
4. *Province :* pays dont il a le gouvernement; 5. *Croyance :* crédit; 6. *Aye :* orthographe ancienne, que Vaugelas critiquait déjà.

QUESTIONS

● Vers 1241-1259. A Livie, qui fait entrevoir la grandeur d'un pardon
désintéressé, Auguste répond d'un ton autoritaire et impatient : comment
s'explique son attitude? Commentez notamment le v. 1258.

LIVIE

J'aime votre personne, et non votre fortune.
            (Elle est seule.)
    Il m'échappe : suivons, et forçons-le de voir
    Qu'il peut, en faisant grâce, affermir son pouvoir,
1265 Et qu'enfin la clémence est la plus belle marque
    Qui fasse à l'univers connaître un vrai monarque.

Dans l'appartement d'Émilie.

SCÈNE IV. — ÉMILIE, FULVIE

ÉMILIE

    D'où me vient cette joie ? et que mal à propos
    Mon esprit malgré soi goûte un entier repos !
    César mande Cinna sans me donner d'alarmes !
1270 Mon cœur est sans soupirs, mes yeux n'ont point de
                                            [larmes,
    Comme si j'apprenais d'un secret mouvement★
    Que tout doit succéder à mon contentement[1] !
    Ai-je bien entendu ? me l'as-tu dit, Fulvie ?

FULVIE

    J'avais gagné sur lui qu'il aimerait la vie,

---

1. Réussir de façon à me contenter.

■ QUESTIONS

● VERS 1260-1266. Comment se complète ici le portrait de Livie ? Le v. 1262 n'est-il pas une belle expression de l'amour conjugal chez Corneille ? Comparez-le à ce vers de Pauline qui dit de Polyeucte : « Je chéris sa personne, et je hais son erreur. »

■ SUR L'ENSEMBLE DE LA SCÈNE III. — Les théoriciens de la tragédie régulière considéraient comme une faute cette apparition d'un personnage nouveau en plein quatrième acte, et on a même, dans la seconde moitié du XVIIe siècle et au XVIIIe siècle, joué *Cinna* en supprimant le rôle de Livie, comme on supprimait celui de l'Infante dans *le Cid*. Montrez que cette suppression nuirait à l'intérêt dramatique et à l'intérêt psychologique du quatrième acte.

— Comparez cette scène au récit historique qui a servi de source à la tragédie (voir page 28). Quelle différence y a-t-il entre l'histoire et l'action de la tragédie ? Comment s'explique-t-elle ?

1275 Et je vous l'amenais, plus traitable et plus doux,
Faire un second effort contre votre courroux.
Je m'en applaudissais, quand soudain Polyclète,
Des volontés d'Auguste ordinaire interprète,
Est venu l'aborder et sans suite et sans bruit,
1280 Et de sa part sur l'heure au palais l'a conduit.
Auguste est fort troublé, l'on ignore la cause ;
Chacun diversement[1] soupçonne quelque chose :
Tous présument qu'il aye[2] un grand sujet d'ennui,
Et qu'il mande Cinna pour prendre avis de lui.
1285 Mais ce qui m'embarrasse, et que je viens d'apprendre,
C'est que deux inconnus se sont saisis d'Évandre,
Qu'Euphorbe est arrêté sans qu'on sache pourquoi,
Que même de son maître on dit je ne sais quoi :
On lui veut imputer un désespoir funeste ;
1290 On parle d'eaux, de Tibre, et l'on se tait du reste.

ÉMILIE

Que de sujets de craindre et de désespérer,
Sans que mon triste cœur en daigne murmurer !
A chaque occasion le ciel y fait descendre
Un sentiment contraire à celui qu'il doit prendre :
1295 Une vaine frayeur tantôt m'a pu troubler,
Et je suis insensible alors qu'il faut trembler.
Je vous entends, grands dieux ! vos bontés que j'adore
Ne peuvent consentir que je me déshonore ;
Et, ne me permettant soupirs, sanglots, ni pleurs,
1300 Soutiennent ma vertu* contre de tels malheurs.
Vous voulez que je meure avec ce grand courage*
Qui m'a fait entreprendre un si fameux ouvrage ;
Et je veux bien périr comme vous l'ordonnez,
Et dans la même assiette[3] où vous me retenez.
1305 O liberté de Rome ! ô mânes de mon père !

---

1. *Diversement* : dans des sens opposés ; 2. *Aye* : pour la forme, voir vers 1260.
Le subjonctif après le verbe *présumer* accentue le sens dubitatif ; 3. *Assiette* :
état d'esprit.

—————— QUESTIONS ——————

● Vers 1267-1290. Qu'est-il advenu de Cinna pendant le début du quatrième acte ? D'autre part, à quel moment Auguste a-t-il décidé de le
faire convoquer par Polyclète ? Montrez que la tirade de Fulvie « fait
le point » de la situation. — Comment s'explique la joie d'Émilie ?

J'ai fait de mon côté tout ce que j'ai pu faire :
Contre votre tyran j'ai ligué ses amis,
Et plus osé pour vous qu'il ne m'était permis.
Si l'effet* a manqué, ma gloire* n'est pas moindre;
1310 N'ayant pu vous venger, je vous irai rejoindre,
Mais si fumante encore d'un généreux* courroux,
Par un trépas si noble et si digne de vous,
Qu'il vous fera sur l'heure aisément reconnaître
Le sang des grands héros dont vous m'avez fait naître.

Scène V. — MAXIME, ÉMILIE, FULVIE

ÉMILIE

1315 Mais je vous vois, Maxime, et l'on vous faisait mort !

MAXIME

Euphorbe trompe Auguste avec ce faux rapport :
Se voyant arrêté, la trame découverte,
Il a feint ce trépas pour empêcher ma perte.

ÉMILIE

Que dit-on de Cinna ?

MAXIME

Que son plus grand regret,
1320 C'est de voir que César sait tout votre secret;
En vain il le dénie et le veut méconnaître[1],
Évandre a tout conté pour excuser son maître,
Et par l'ordre d'Auguste on vient vous arrêter.

---

1. *Méconnaître* : désavouer.

■ QUESTIONS ■

● VERS 1291-1314. Analysez les sentiments d'Émilie. Est-elle consciente de ses contradictions ? Pourquoi la perspective d'un échec ne réussit-elle pas à troubler sa sérénité et son allégresse ? Quel sentiment domine dans les derniers vers ?

■ SUR L'ENSEMBLE DE LA SCÈNE IV. — Selon la stricte doctrine de la tragédie régulière, cette scène rompt l'unité de lieu, et Corneille lui-même reconnaît, dans son *Discours des trois unités*, avoir commis un « manquement ». Sommes-nous aussi sensibles aujourd'hui à ce défaut de liaison ?

ÉMILIE

Celui qui l'a reçu tarde à l'exécuter :
1325 Je suis prête à le suivre et lasse de l'attendre.

MAXIME

Il vous attend chez moi.

ÉMILIE

Chez vous !

MAXIME

C'est vous surprendre :
Mais apprenez le soin★ que le ciel a de vous :
C'est un des conjurés qui va fuir avec nous.
Prenons notre avantage avant qu'on nous poursuive :
1330 Nous avons pour partir un vaisseau sur la rive.

ÉMILIE

Me connais-tu, Maxime, et sais-tu qui je suis ?

MAXIME

En faveur de Cinna je fais ce que je puis,
Et tâche à garantir de ce malheur extrême
La plus belle moitié qui reste de lui-même.
1335 Sauvons-nous, Émilie, et conservons le jour,
Afin de le venger par un heureux retour.

ÉMILIE

Cinna dans son malheur est de ceux qu'il faut suivre,
Qu'il ne faut pas venger, de peur de leur survivre :
Quiconque après sa perte aspire à se sauver
1340 Est indigne du jour qu'il tâche à conserver.

MAXIME

Quel désespoir aveugle à ces fureurs★ vous porte ?
O dieux ! que de faiblesse en une âme si forte !
Ce cœur si généreux★ rend si peu de combat[1],
Et du premier revers la fortune l'abat !
1345 Rappelez, rappelez cette vertu★ sublime ;

---

1. Résiste si peu.

━━━ **QUESTIONS** ━━━━━━━━━━━━━━━━━━━━━━━━━━━━━━━━━━

● Vers 1315-1330. Comment Maxime a-t-il imaginé son plan pour lui donner une apparence de vérité ? Le spectateur est-il dupe ? Quelle est donc la situation dramatique et son intérêt ?

Ouvrez enfin les yeux, et connaissez Maxime :
C'est un autre Cinna qu'en lui vous regardez;
Le ciel vous rend en lui l'amant* que vous perdez;
Et puisque l'amitié n'en[1] faisait plus qu'une âme,
1350 Aimez en cet ami l'objet de votre flamme;
Avec la même ardeur* il saura vous chérir
Que...

ÉMILIE

Tu m'oses aimer, et tu n'oses mourir !
Tu prétends un peu trop[2] : mais, quoi que tu prétendes,
Rends-toi digne du moins de ce que tu demandes :
1355 Cesse de fuir en lâche un glorieux trépas,
Ou de m'offrir un cœur que tu fais voir si bas;
Fais que je porte envie à ta vertu* parfaite;
Ne te pouvant aimer, fais que je te regrette;
Montre d'un vrai Romain la dernière vigueur,
1360 Et mérite mes pleurs au défaut[3] de mon cœur.
Quoi! si ton amitié pour Cinna s'intéresse,
Crois-tu qu'elle consiste à flatter sa maîtresse* ?
Apprends, apprends de moi quel en[4] est le devoir,
Et donne-m'en[5] l'exemple, ou viens le recevoir.

MAXIME

1365 Votre juste douleur est trop impétueuse.

ÉMILIE

La tienne en ta faveur est trop ingénieuse.
Tu me parles déjà d'un bienheureux retour,
Et dans tes déplaisirs[6] tu conçois de l'amour !

MAXIME

Cet amour en naissant est toutefois extrême :
1370 C'est votre amant* en vous, c'est mon ami que j'aime,

---

1. *En* : de Maxime et de Cinna; 2. Tu as trop de prétention; 3. *Au défaut* : à
défaut; 4. *En* : de l'amitié; 5. *En* : du devoir; 6. *Déplaisirs* : douleurs.

QUESTIONS

● VERS 1331-1351. Émilie soupçonne-t-elle immédiatement le mensonge de Maxime ? Quelle est sa première réaction ? Maxime est-il
qualifié pour lui donner des leçons de « générosité » ? N'est-il pas un peu
ridicule ? Ce ridicule fait-il toutefois rire en pareille circonstance ?
● VERS 1352-1365. Émilie ne donne-t-elle pas ici à Maxime une leçon
d' « amour cornélien » ?

Et des mêmes ardeurs* dont il fut embrasé...

ÉMILIE

Maxime, en voilà trop pour un homme avisé.
Ma perte m'a surprise et ne m'a point troublée ;
Mon noble désespoir ne m'a point aveuglée.
1375 Ma vertu* tout entière agit sans s'émouvoir,
Et je vois malgré moi plus que je ne veux voir.

MAXIME

Quoi ? vous suis-je suspect de quelque perfidie ?

ÉMILIE

Oui, tu l'es, puisqu'enfin tu veux que je le die,
L'ordre¹ de notre fuite est trop bien concerté
1380 Pour ne te soupçonner² d'aucune lâcheté :
Les dieux seraient pour nous prodigues en miracles,
S'ils en³ avaient sans toi⁴ levé tous les obstacles.
Fuis sans moi : tes amours sont ici superflus.

MAXIME

Ah ! vous m'en dites trop.

ÉMILIE

J'en présume encor plus.
1385 Ne crains pas toutefois que j'éclate en injures ;
Mais n'espère non plus⁵ m'éblouir de parjures.
Si c'est te faire tort que de m'en⁶ défier,
Viens mourir avec moi pour te justifier.

MAXIME

Vivez, belle Émilie, et souffrez qu'un esclave...

---

1. *L'ordre :* le plan ; 2. Pour que je ne te soupçonne ; 3. *En :* de notre fuite ; 4. *Sans toi :* sans que tu y aies participé ; 5. *Non plus : n'espère* pas davantage ; 6. *En :* de tes parjures.

QUESTIONS

● Vers 1366-1383. A partir de quel moment Émilie commence-t-elle à soupçonner le mensonge de Maxime ? De quel ordre sont les preuves qui lui permettent de le démasquer ? N'est-ce pas l'amour qui lui donne sa clairvoyance ?

ÉMILIE

1390 Je ne t'écoute plus qu'en présence d'Octave.
Allons, Fulvie, allons.

Scène VI. — MAXIME

Désespéré, confus,
Et digne, s'il se peut, d'un plus cruel refus,
Que résous-tu, Maxime ? et quel est le supplice
Que ta vertu★ prépare à ton vain artifice ?
1395 Aucune illusion ne te doit plus flatter :
Émilie en mourant va tout faire éclater ;
Sur un même échafaud[1] la perte de sa vie
Étalera sa gloire★ et ton ignominie,
Et sa mort va laisser à la postérité
1400 L'infâme souvenir de ta déloyauté.
Un même jour t'a vu, par une fausse adresse,[2]
Trahir ton souverain, ton ami, ta maîtresse★,
Sans que de tant de droits en un jour violés,
Sans que de deux amants au tyran immolés,
1405 Il te reste aucun fruit que la honte et la rage
Qu'un remords inutile allume en ton courage★.
Euphorbe, c'est l'effet de tes lâches conseils ;
Mais que peut-on attendre enfin de tes pareils ?
Jamais un affranchi n'est qu'un esclave infâme ;
1410 Bien qu'il change d'état, il ne change point d'âme ;
La tienne, encore servile, avec la liberté
N'a pu prendre un rayon de générosité★.
Tu m'as fait relever une injuste puissance[3] ;

---

1. *Echafaud* : estrade pour l'exécution des condamnés à mort ; cet usage était sans doute inconnu des Romains, mais l'anachronisme permet de donner une valeur « actuelle » au drame ; 2. *Fausse adresse* : ruse déloyale ; 3. Rétablir un injuste pouvoir (en faisant échouer le complot contre Auguste).

──────── QUESTIONS ────────

● Vers 1384-1391. Quelle attitude adopte finalement Émilie à l'égard de Maxime ? Expliquez notamment le v. 1388.

■ Sur l'ensemble de la scène v. — Analysez le mouvement de toute la scène. Voltaire prétend qu'elle « ne fait pas l'effet qu'elle pourrait produire, parce que l'amour de Maxime révolte, parce que cette scène ne produit rien, parce qu'elle ne sert qu'à remplir un moment vide... ». En dépit du ridicule de Maxime, cette scène ne fait-elle pas un grand effet ?

Tu m'as fait démentir l'honneur de ma naissance;
1415 Mon cœur te résistait et tu l'as combattu
Jusqu'à ce que ta fourbe¹ ait souillé sa vertu*.
Il m'en coûte la vie, il m'en coûte la gloire*,
Et j'ai tout mérité pour t'avoir voulu croire.
Mais les dieux permettront à mes ressentiments
1420 De te sacrifier aux yeux des deux amants*,
Et j'ose m'assurer qu'en dépit de mon crime
Mon sang leur servira d'assez pure victime,
Si dans le tien mon bras, justement irrité,
Peut laver le forfait de t'avoir écouté.

ACTE V

Dans l'appartement d'Auguste.

Scène première. — AUGUSTE, CINNA

AUGUSTE

1425 Prends un siège, Cinna, prends, et sur toute chose²
Observe exactement la loi que je t'impose :

---

1. *Ta fourbe* : ta fourberie; 2. *Sur toute chose* : par-dessus tout.

──────── QUESTIONS ────────────

■ Sur la scène vi. — La composition du monologue; montrez les causes du désarroi de Maxime, les excuses qu'il invoque, ses résolutions.
— Que pensez-vous de la rage de Maxime contre son affranchi ? Ce projet de faire périr Euphorbe (repris au v. 1687) n'est-il pas déplaisant ?
— Quel jugement portez-vous sur Maxime, après ces deux scènes : vous paraît-il odieux, ridicule ou pitoyable ? Quelle place occupe-t-il parmi les personnages cornéliens ?
— Comparez à ce monologue, au point de vue dramatique et psychologique, les monologues d'Émilie (I, i), de Cinna (III, iii), d'Auguste (IV, ii).
■ Sur l'ensemble de l'acte iv. — Comment est composé ce quatrième acte ? Si sa division en deux parties est peu conforme aux règles strictes de la tragédie, ne se justifie-t-elle pas par rapport à l'ensemble de l'action ? Quel est, en effet, l'événement nouveau qui domine ce quatrième acte ? Dégagez-en les conséquences.
— Où en est la situation à la fin de l'acte ? Comment chacun des personnages envisage-t-il la suite des événements ? Le spectateur peut-il prévoir le dénouement ?

Prête, sans me troubler, l'oreille à mes discours ;
D'aucun mot, d'aucun cri, n'en interromps le cours ;
Tiens ta langue captive ; et si ce grand silence
1430 A ton émotion fait quelque violence,
Tu pourras me répondre après tout à loisir :
Sur ce point seulement contente mon désir.

CINNA

Je vous obéirai, Seigneur.

AUGUSTE

            Qu'il te souvienne
De garder ta parole, et je tiendrai la mienne.
1435   Tu vois le jour, Cinna ; mais ceux dont tu le tiens
Furent les ennemis de mon père et les miens[1] :
Au milieu de leur camp tu reçus la naissance,
Et lorsqu'après leur mort tu vins en ma puissance,
Leur haine enracinée au milieu de ton sein
1440 T'avait mis contre moi les armes à la main ;
Tu fus mon ennemi même avant que de naître,
Et tu le fus encor quand tu me pus connaître,
Et l'inclination jamais n'a démenti
Ce sang qui t'avait fait du contraire parti :
1445 Autant que tu l'as pu, les effets* l'ont suivie[2].
Je ne m'en suis vengé qu'en te donnant la vie ;
Je te fis prisonnier pour te combler de biens :
Ma cour fut ta prison, mes faveurs tes liens ;
Je te restituai d'abord ton patrimoine,
1450 Je t'enrichis après des dépouilles d'Antoine,
Et tu sais que depuis, à chaque occasion,
Je suis tombé pour toi dans la profusion.
Toutes les dignités que tu m'as demandées,
Je te les ai sur l'heure et sans peine accordées[3] ;

---

1. Le père de Cinna était gendre de Pompée et beau-frère de César ; il avait combattu à Pharsale et à Thapsus et avait approuvé le meurtre de César. Il s'était donc rangé parmi les ennemis de César, père adoptif d'Auguste ; 2. Ont suivi cette inclination ; 3. En particulier le sacerdoce.

— QUESTIONS —

● VERS 1425-1434. Sur quel ton Auguste commence-t-il l'entretien ? Comment concilie-t-il l'autorité et la bienveillance ? Jugez l'attitude de Cinna et essayez de deviner quels sont alors ses sentiments.

CINNA A LA COMÉDIE-FRANÇAISE (1950)
Cinna (André Falcon) et Auguste (Maurice Escande).
(Acte V, scène première.)

CINNA
OV
LA CLEMENCE
D'AVGVSTE

Phot. Larousse.

FRONTISPICE DE L'ÉDITION DE 1643

1455 Je t'ai préféré même à ceux dont les parents
Ont jadis dans mon camp tenu les premiers rangs,
A ceux qui de leur sang m'ont acheté l'empire,
Et qui m'ont conservé le jour que je respire.
De la façon enfin qu'avec toi j'ai vécu,
1460 Les vainqueurs sont jaloux du bonheur du vaincu.
Quand le ciel me voulut, en rappelant Mécène[1],
Après tant de faveur montrer un peu de haine,
Je te donnai sa place en ce triste accident[2]
Et te fis, après lui, mon plus cher confident.
1465 Aujourd'hui même encor, mon âme irrésolue
Me pressant de quitter ma puissance absolue,
De Maxime et de toi j'ai pris les seuls avis,
Et ce sont, malgré lui, les tiens que j'ai suivis.
Bien plus, ce même jour je te donne Émilie,
1470 Le digne objet des vœux de toute l'Italie,
Et qu'ont mise si haut mon amour et mes soins★,
Qu'en te couronnant roi je t'aurais donné moins.
Tu t'en souviens, Cinna : tant d'heur[3] et tant de gloire★
Ne peuvent pas sitôt sortir de ta mémoire;
1475 Mais ce qu'on ne pourrait jamais s'imaginer,
Cinna, tu t'en souviens, et veux m'assassiner.

CINNA

Moi, Seigneur! moi, que j'eusse une âme si traîtresse!
Qu'un si lâche dessein...

AUGUSTE

                    Tu tiens mal ta promesse :
Sieds-toi, je n'ai pas dit encor ce que je veux;

---

1. *Mécène* était mort en 8 av. J.-C., et les événements que raconte la tragédie se passent en 6 av. J.-C.; 2. *Accident* : événement inattendu; 3. *Heur* : bonheur.

───────── QUESTIONS ─────────────────────

● Vers 1435-1476. Comment est composée cette première tirade d'Auguste? Les deux parties en sont-elles égales? Par quels procédés Auguste fait-il ressortir l'ingratitude de Cinna? Étudiez la progression dans l'énumération que fait Auguste de ses bienfaits. Pourquoi insiste-t-il (à partir du v. 1465) sur les événements mêmes de cette journée? — Comment est préparé le mot final?

1480 Tu te justifieras après, si tu le peux.
Écoute cependant, et tiens mieux ta parole.
 Tu veux m'assassiner demain, au Capitole,
Pendant le sacrifice, et ta main pour signal
Me doit, au lieu d'encens, donner le coup fatal;
1485 La moitié de tes gens doit occuper la porte,
L'autre moitié te suivre et te prêter main-forte.
Ai-je de bons avis, ou de mauvais soupçons[1]?
De tous ces meurtriers te dirai-je les noms?
Procule, Glabrion, Virginian, Rutile,
1490 Marcel, Plaute, Lénas, Pompone, Albin, Icile,
Maxime, qu'après toi j'avais le plus aimé[2];
Le reste ne vaut pas l'honneur d'être nommé :
Un tas d'hommes perdus de dettes et de crimes,
Que pressent de mes lois les ordres légitimes,
1495 Et qui, désespérant de les plus[3] éviter,
Si tout n'est renversé, ne sauraient subsister.
 Tu te tais maintenant et gardes le silence,
Plus par confusion que par obéissance.
 Quel était ton dessein, et que prétendais-tu
1500 Après m'avoir au temple à tes pieds abattu?
Affranchir ton pays d'un pouvoir monarchique!
Si j'ai bien entendu[4] tantôt ta politique,
Son salut désormais dépend d'un souverain
Qui pour tout conserver tienne tout en sa main;

---

1. *Mauvais soupçons* : des soupçons faux; 2. Marty-Laveaux cite l'anecdote suivante : « L'acteur Mouvel comptait ici les conjurés sur ses doigts; après le nom de Maxime, il laissait retomber sa main en disant la fin du vers; puis, il semblait s'apprêter à reprendre son compte, qu'il abandonnait définitivement en disant : « Le reste ne vaut pas l'honneur d'être nommé. » Talma admirait fort ce jeu de scène très familier, mais d'un effet saisissant, et il fut longtemps avant d'oser le pratiquer »; 3. *Plus* : désormais; 4. *Entendre* : comprendre.

● **QUESTIONS** ●

● VERS 1477-1481. Le mensonge de Cinna ne paraît-il pas choquant en face de la sérénité d'Auguste? Est-ce par lâcheté qu'il nie? Quel est son véritable motif?

● VERS 1482-1496. Auguste tient à montrer qu'il sait tous les détails de la conspiration; y était-il obligé? Quel sentiment veut-il faire naître chez Cinna? Pourquoi ne révèle-t-il cependant pas la source de ses renseignements? — Le spectateur est-il satisfait de voir la « victime » elle-même démasquer le coupable?

1505 Et si sa liberté te faisait entreprendre[1],
　　　Tu ne m'eusses jamais empêché de la rendre;
　　　Tu l'aurais acceptée au nom de tout l'État,
　　　Sans vouloir l'acquérir par un assassinat.
　　　Quel était donc ton but? D'y régner en ma place?
1510 D'un étrange malheur son destin le menace[2],
　　　Si pour monter au trône et lui donner la loi
　　　Tu ne trouves dans Rome autre obstacle que moi,
　　　Si jusques à ce point son sort est déplorable
　　　Que tu sois après moi le plus considérable,
1515 Et que ce grand fardeau de l'empire romain
　　　Ne puisse après ma mort tomber mieux qu'en ta main.
　　　　　Apprends à te connaître, et descends en toi-même :
　　　On t'honore dans Rome, on te courtise, on t'aime,
　　　Chacun tremble sous toi, chacun t'offre des vœux;
1520 Ta fortune est bien haut, tu peux ce que tu veux;
　　　Mais tu ferais pitié même à ceux qu'elle irrite,
　　　Si je t'abandonnais à ton peu de mérite.
　　　Ose me démentir, dis-moi ce que tu vaux,
　　　Conte-moi tes vertus★, tes glorieux travaux[3],
1525 Les rares qualités par où tu m'as dû plaire,
　　　Et tout ce qui t'élève au-dessus du vulgaire.
　　　Ma faveur fait ta gloire★, et ton pouvoir en vient :
　　　Elle seule t'élève, et seule te soutient;
　　　C'est elle qu'on adore, et non pas ta personne :
1530 Tu n'as crédit ni rang qu'autant qu'elle t'en donne,
　　　Et pour te faire choir je n'aurais aujourd'hui
　　　Qu'à retirer la main qui seule est ton appui.
　　　J'aime mieux toutefois céder à ton envie :
　　　Règne, si tu le peux, aux dépens de ma vie;
1535 Mais oses-tu penser que les Serviliens,
　　　Les Cosses, les Métels, les Pauls, les Fabiens[4],
　　　Et tant d'autres enfin de qui les grands courages★

---

1. *Entreprendre* : tenter une entreprise; 2. *Le menace* : menace l'État; 3. *Travaux:* exploits; 4. Ces noms sont ceux des grandes familles romaines.

――――――― QUESTIONS ―――――――

● Vers 1497-1516. L'argumentation d'Auguste. Comment met-il Cinna en contradiction avec lui-même? Sa conclusion est-elle logique? Mais est-ce vraiment pour succéder à Auguste que Cinna a conspiré? Cette erreur d'Auguste ne produit-elle pas quelque gêne sur le spectateur?

Des héros de leur sang sont les vives images[1],
Quittent le noble orgueil d'un sang si généreux★
1540 Jusqu'à pouvoir souffrir que tu règnes sur eux?
Parle, parle, il est temps.

CINNA

                              Je demeure stupide[2];
Non que votre colère ou la mort m'intimide;
Je vois qu'on m'a trahi, vous m'y voyez rêver[3],
Et j'en cherche[4] l'auteur sans le pouvoir trouver.
1545   Mais c'est trop y tenir toute l'âme occupée[5] :
Seigneur, je suis Romain, et du sang de Pompée;
Le père et les deux fils[6], lâchement égorgés,
Par la mort de César étaient trop peu vengés.
C'est là d'un beau dessein l'illustre et seule cause;
1550 Et puisqu'à vos rigueurs la trahison m'expose,
N'attendez point de moi d'infâmes repentirs,
D'inutiles regrets ni de honteux soupirs.
Le sort vous est propice autant qu'il m'est contraire;
Je sais ce que j'ai fait, et ce qu'il vous faut faire :
1555 Vous devez un exemple à la postérité,
Et mon trépas importe à votre sûreté.

AUGUSTE

Tu me braves, Cinna, tu fais le magnanime,
Et, loin de t'excuser, tu couronnes ton crime.
Voyons si ta constance ira jusques au bout.

---

1. *Vives images* : vivantes images; 2. *Stupide* : frappé de stupeur; 3. *Rêver* : songer; 4. *En* : de cela, de la trahison; 5. De garder l'âme uniquement préoccupée de cette recherche; 6. *Les deux fils* : le grand Pompée fut assassiné en Égypte, où il cherchait refuge après la défaite de Pharsale (48); Cneus Pompée fut vaincu par César à Munda, et tué dans sa fuite (45); Sextus Pompée, battu à Nauloque par Agrippa, fut mis à mort en 37.

━━━ QUESTIONS ━━━

● VERS 1517-1541. Pourquoi Auguste se plaît-il ainsi à humilier Cinna, à lui montrer son néant? L'orgueil du pouvoir absolu n'est-il pas cruel ici pour le coupable, réduit à l'impuissance? Auguste pourrait-il tenir le même langage s'il savait que Cinna ne convoite pas le pouvoir?

● VERS 1542-1556. La réponse de Cinna ne le réhabilite-t-elle pas quelque peu? Quel motif a pu le faire changer d'attitude, depuis le v. 1477? Est-il étonnant de le voir demander la mort pour lui-même?

1560 Tu sais ce qui t'est dû, tu vois que je sais tout :
Fais ton arrêt toi-même, et choisis tes supplices.

Scène II. — AUGUSTE, LIVIE, CINNA, ÉMILIE, FULVIE

LIVIE

Vous ne connaissez pas encor tous les complices :
Votre Émilie en est, Seigneur, et la voici.

CINNA

C'est elle-même, ô dieux !

AUGUSTE

Et toi, ma fille, aussi ! [1]

ÉMILIE

1565 Oui, tout ce qu'il a fait, il l'a fait pour me plaire,
Et j'en étais, Seigneur, la cause et le salaire.

AUGUSTE

Quoi ? l'amour qu'en ton cœur j'ai fait naître aujourd'hui
T'emporte-t-il déjà jusqu'à mourir pour lui ?
Ton âme à ces transports* un peu trop s'abandonne,
1570 Et c'est trop tôt aimer l'amant* que je te donne.

---

1. Rappel évident du mot de César frappé par Brutus : « Et toi aussi, mon fils ! ».

QUESTIONS

● Vers 1557-1561. Qu'est-ce qu'Auguste attendait de Cinna ? Quel est, du point de vue de l'action, l'intérêt de ces cinq vers ? Peut-on, à la fin de cette scène, prévoir le dénouement ?

■ Sur l'ensemble de la scène première. — Comparez cette scène au texte de Sénèque qui l'a inspirée (voir page 28).

— Cette scène n'est-elle pas celle de la vengeance d'Auguste ? Peut-on croire que l'empereur se contentera de cette revanche toute morale, et qu'il a, au fond de son cœur, déjà pardonné ?

— Comment Corneille a-t-il conçu le caractère tragique de cette scène ? La situation serait-elle la même si Auguste connaissait toutes les circonstances du complot, et en particulier la participation d'Émilie ? Cinna n'apparaît-il pas comme un traître démasqué par un souverain justicier ?

● Vers 1562-1566. L'intervention d'Émilie est-elle surprenante ? Quel effet produit sa franchise ? Pourquoi ne vient-elle pas seule, mais accompagnée de Livie ?

ÉMILIE

Cet amour qui m'expose à vos ressentiments
N'est point le prompt effet de vos commandements;
Ces flammes dans nos cœurs sans votre ordre étaient
[nées,
Et ce sont des secrets de plus de quatre années;
1575 Mais quoique je l'aimasse et qu'il brûlât pour moi,
Une haine plus forte[1] à tous deux fit la loi;
Je ne voulus jamais lui donner d'espérance,
Qu'il ne m'eût de mon père assuré la vengeance.
Je la lui fis jurer; il chercha des amis :
1580 Le ciel rompt le succès[2]★ que je m'étais promis,
Et je vous viens, Seigneur, offrir une victime,
Non pour sauver sa vie en me chargeant du crime :
Son trépas est trop juste après son attentat,
Et toute excuse est vaine en un crime d'État;
1585 Mourir en sa présence, et rejoindre mon père,
C'est tout ce qui m'amène, et tout ce que j'espère.

AUGUSTE

Jusques à quand, ô ciel, et par quelle raison
Prendrez-vous contre moi des traits dans ma maison?
Pour ses débordements j'en ai chassé Julie[3];
1590 Mon amour en sa place a fait choix d'Émilie,
Et je la vois comme elle indigne de ce rang.
L'une m'ôtait l'honneur, l'autre a soif de mon sang;
Et prenant toutes deux leur passion pour guide,
L'une fut impudique, et l'autre est parricide.
1595 O ma fille! est-ce là le prix de mes bienfaits?

ÉMILIE

Ceux de mon père en vous firent mêmes effets★.

---

1. Plus forte encore que cet amour; 2. *Rompt le succès :* empêche le résultat;
3. *Julie :* fille unique d'Auguste et de Scribonia, née en 39 av. J.-C.; mariée successivement à Marcellus, à Agrippa et à Tibère, fils de Livie, Julie, dont l'inconduite
faisait scandale, fut exilée par son père dans l'île de Pandataria, sur la côte de
Campanie, en 2 av. J.-C. Il y a donc ici un léger anachronisme, puisque l'action
de *Cinna* (6 av. J.-C.) est antérieure à l'exil de Julie.

■ QUESTIONS

● VERS 1567-1585. Ne se retrouve-t-on pas un peu dans la situation
du v. 637 (voir la question se rapportant à ce passage)? Analysez la
confession d'Émilie, sa netteté, sa concision. Pourquoi ne veut-elle pas
sauver Cinna?

AUGUSTE

Songe avec quel amour j'élevai ta jeunesse.

ÉMILIE

Il éleva la vôtre avec même tendresse;
Il fut votre tuteur, et vous son assassin;
1600 Et vous m'avez au crime[1] enseigné le chemin :
Le mien d'avec le vôtre en ce point seul diffère,
Que votre ambition s'est immolé mon père,
Et qu'un juste courroux, dont je me sens brûler,
A mon sang innocent voulait vous immoler.

LIVIE

1605 C'en est trop, Émilie; arrête et considère
Qu'il t'a trop bien payé les bienfaits de ton père :
Sa mort, dont la mémoire allume ta fureur*,
Fut un crime d'Octave et non de l'empereur.
    Tous ces crimes d'État qu'on fait pour la couronne,
1610 Le ciel nous en absout alors qu'il nous la donne,
Et dans le sacré rang où sa faveur l'a mis[2],
Le passé devient juste et l'avenir permis[3].
Qui peut y parvenir ne peut être coupable;
Quoi qu'il ait fait ou fasse, il est inviolable :
1615 Nous lui devons nos biens, nos jours sont en sa main,
Et jamais on n'a droit sur ceux du souverain.

ÉMILIE

Aussi, dans le discours que vous venez d'entendre,
Je parlais pour l'aigrir*, et non pour me défendre.
    Punissez donc, Seigneur, ces criminels appas
1620 Qui de vos favoris font d'illustres ingrats;
Tranchez mes tristes jours pour assurer les vôtres;
Si j'ai séduit* Cinna, j'en séduirai bien d'autres!

---

1. Vers le crime; 2. A mis Auguste; 3. Il lui est permis de compter sur l'avenir.

QUESTIONS

● Vers 1586-1604. Sur quel ton Auguste s'adresse-t-il à Émilie? Lui parle-t-il comme à Cinna? Émilie est-elle sensible à ce ton paternel? Quelle est la raison de son agressivité? Émilie ne venge-t-elle pas Cinna de l'humiliation qu'il a subie à la scène précédente?
● Vers 1605-1616. Comment juger ici les intentions de Livie? Est-ce cynisme, machiavélisme politique ou simple souci d'apaiser Émilie?

Et je suis plus à craindre, et vous plus en danger,
Si j'ai l'amour ensemble et le sang à venger.

CINNA

1625 Que[1] vous m'ayez séduit*, et que je souffre encore
D'être déshonoré par celle que j'adore!
   Seigneur, la vérité doit ici s'exprimer :
J'avais fait ce dessein avant que de l'aimer.
A mes plus saints désirs la trouvant inflexible,
1630 Je crus qu'à d'autres soins* elle serait sensible :
Je parlai de son père et de votre rigueur,
Et l'offre de mon bras suivit celle du cœur.
Que la vengeance est douce à l'esprit d'une femme!
Je l'attaquai par là, par là je pris son âme;
1635 Dans mon peu de mérite, elle me négligeait,
Et ne put négliger le bras qui la vengeait :
Elle n'a conspiré que par mon artifice;
J'en[2] suis le seul auteur, elle n'est que complice.

ÉMILIE

Cinna, qu'oses-tu dire? est-ce là me chérir
1640 Que de m'ôter l'honneur quand il me faut mourir?

CINNA

Mourez, mais en mourant ne souillez point ma gloire*.

ÉMILIE

La mienne se flétrit si César te veut croire.

CINNA

Et la mienne se perd, si vous tirez à vous
Toute celle qui suit de si généreux* coups.

ÉMILIE

1645 Eh bien! prends-en ta part, et me laisse la mienne;

---

1. *Que* : se peut-il que...; 2. *En* : de la conspiration.

QUESTIONS

● VERS 1617-1624. Quel a été l'effet de l'intervention de Livie? Rapprochez l'attitude d'Émilie de celle de Camille, dans *Horace* (IV, v). Quel est le trait commun aux deux héroïnes?

Ce serait l'affaiblir que d'affaiblir la tienne :
La gloire* et le plaisir, la honte et les tourments,
Tout doit être commun entre de vrais amants*.

   Nos deux âmes, Seigneur, sont deux âmes romaines;
1650 Unissant nos désirs, nous unîmes nos haines;
De nos parents perdus le vif ressentiment[1]
Nous apprit nos devoirs en un même moment;
En ce noble dessein nos cœurs se rencontrèrent;
Nos esprits généreux* ensemble le formèrent;
1655 Ensemble nous cherchons l'honneur d'un beau trépas :
Vous vouliez nous unir, ne nous séparez pas.

AUGUSTE

Oui, je vous unirai, couple ingrat et perfide,
Et plus mon ennemi qu'Antoine ni Lépide[2];
Oui, je vous unirai, puisque vous le voulez :
1660 Il faut bien satisfaire aux feux* dont vous brûlez,
Et que tout l'univers, sachant ce qui m'anime,
S'étonne du supplice aussi bien que du crime.

---

1. Le souvenir douloureux de la perte de nos parents. Émilie est fille de Toranius, et Cinna petit-fils de Pompée; 2. *Qu'Antoine ni Lépide* : que ne le furent
Antoine ni Lépide.

--------- **QUESTIONS** ---------

● Vers 1625-1648. Quel sentiment pousse Cinna à intervenir? Est-il
sincère en expliquant comment le désir de vengeance a soutenu son
amour? Sur quoi porte le débat entre Cinna et Émilie? Relevez les mots
qui caractérisent l'objet de ce débat bien cornélien.

● Vers 1649-1662. Comment Émilie assure-t-elle son triomphe à la fois
sur Cinna et sur Auguste? Quel trait de son caractère domine dans la
fin de sa tirade? — Comparez la réponse d'Auguste à celle qu'il fait à
Cinna seul aux v. 1557-1561. Comment l'empereur laisse-t-il planer
une équivoque sur ses intentions?

■ Sur l'ensemble de la scène II. — L'attitude d'Émilie à l'acte IV
(scènes IV et V) laissait-elle présager sa décision? L'échec de la conspiration l'a-t-il conduite au désespoir? Comment surmonte-t-elle le destin?

   — Montrez que cette scène complète le portrait d'Émilie en révélant
aussi la qualité des sentiments qui lient Émilie à Cinna. En quoi leur
amour est-il bien cornélien?

   — Comment l'attitude d'Auguste évolue-t-elle du début de la scène
à la fin? Agirait-il autrement s'il était seul en présence d'Émilie? Peut-il
faire autrement que d'invoquer la raison d'État?

Scène III. — AUGUSTE, LIVIE, CINNA, MAXIME, ÉMILIE, FULVIE

AUGUSTE

Mais enfin le ciel m'aime et ses bienfaits nouveaux
Ont enlevé Maxime à la fureur des eaux.
1665 Approche, seul ami que j'éprouve fidèle[1].

MAXIME

Honorez moins, Seigneur, une âme criminelle.

AUGUSTE

Ne parlons plus de crime après ton repentir,
Après que du péril tu m'as su garantir :
C'est à toi que je dois et le jour et l'empire.

MAXIME

1670 De tous vos ennemis connaissez mieux le pire.
Si vous régnez encor, Seigneur, si vous vivez,
C'est ma jalouse rage à qui vous le devez[2].
    Un vertueux remords n'a point touché mon âme;
Pour perdre mon rival j'ai découvert sa trame[3].
1675 Euphorbe vous a feint que je m'étais noyé,
De crainte qu'après moi vous n'eussiez envoyé :
Je voulais avoir lieu[4] d'abuser Émilie,
Effrayer son esprit, la tirer d'Italie,
Et pensais la résoudre à cet enlèvement
1680 Sous l'espoir du retour[5] pour venger son amant*;
Mais au lieu de goûter ces grossières amorces,
Sa vertu* combattue a redoublé ses forces.
Elle a lu dans mon cœur; vous savez le surplus,
Et je vous en ferais des récits superflus.
1685 Vous voyez le succès* de mon lâche artifice.
Si pourtant quelque grâce est due à mon indice[6],

---

1. Dont j'ai éprouvé la fidélité; 2. C'est à ma jalouse rage que; 3. *Sa trame* : ce qu'il tramait; 4. *Avoir lieu* : avoir un moyen; 5. En lui laissant espérer qu'elle reviendrait; 6. *Indice* : dénonciation.

■——— **QUESTIONS** ———————————————

● Vers 1663-1669. Pourquoi Auguste, pourtant fort expert en intrigues politiques, a-t-il la naïveté de croire que Maxime a dénoncé la conspiration sous l'effet du remords? Quelle est son illusion?

« Et je me rends, Seigneur, à ces hautes bontés... »

(Vers 1715.)

CINNA A LA COMÉDIE-FRANÇAISE (1956)

Auguste (Maurice Escande), Émilie (Thérèse Marney), Cinna (André Falcon).

Faites périr Euphorbe au milieu des tourments,
Et souffrez que je meure aux yeux de ces amants★.
J'ai trahi mon ami, ma maîtresse★, mon maître,
1690 Ma gloire★, mon pays, par l'avis de ce traître,
Et croirai toutefois mon bonheur infini,
Si je puis m'en punir après l'avoir puni.

AUGUSTE

En est-ce assez, ô ciel! et le sort, pour me nuire,
A-t-il quelqu'un des miens qu'il veuille encor séduire★?
1695 Qu'il joigne à ses efforts le secours des enfers :
Je suis maître de moi comme de l'univers;
Je le suis, je veux l'être. O siècles, ô mémoire[1],
Conservez à jamais ma dernière victoire[2]!
Je triomphe aujourd'hui du plus juste courroux
1700 De qui le souvenir puisse aller jusqu'à vous.
       Soyons amis, Cinna, c'est moi qui t'en convie :
Comme à mon ennemi je t'ai donné la vie,
Et malgré la fureur★ de ton lâche destin[3],
Je te la donne encor comme à mon assassin.
1705 Commençons un combat qui montre par l'issue
Qui l'aura mieux de nous ou donnée ou reçue.
Tu trahis mes bienfaits, je les veux redoubler;
Je t'en avais comblé, je t'en veux accabler :
Avec cette beauté[4] que je t'avais donnée,
1710 Reçois le consulat pour la prochaine année.
       Aime Cinna, ma fille, en cet illustre rang,
Préfères-en la pourpre à celle de mon sang;
Apprends sur mon exemple à vaincre ta colère :
Te rendant un époux, je te rends plus qu'un père.

---

1. *O mémoire* : ô souvenir de la postérité; 2. Celle que je viens de remporter;
3. *Destin* : projet (cf. le sens ancien du verbe *destiner* : projeter de); 4. Émilie (terme
du vocabulaire galant).

──────── QUESTIONS ────────

● VERS 1670-1692. En vous reportant à la scène VI de l'acte IV, montrez
que Maxime n'a pas changé d'intention depuis ce moment. Quel caractère vous révèle cette confession? Pourquoi rejette-t-il sur Euphorbe la
responsabilité de sa trahison? — Selon Voltaire, « Maxime vient ici
faire un personnage aussi inutile que Livie ». Son intervention n'est-elle
pas, au contraire, essentielle pour le dénouement?

ÉMILIE

1715 Et je me rends, Seigneur, à ces hautes bontés ;
Je recouvre la vue auprès de leurs clartés :
Je connais[1] mon forfait, qui me semblait justice ;
Et, ce que n'avait pu la terreur du supplice,
Je sens naître en mon âme un repentir puissant,
1720 Et mon cœur en secret me dit qu'il y consent.
    Le ciel a résolu votre grandeur suprême ;
Et pour preuve, Seigneur, je n'en veux que moi-même :
J'ose avec vanité me donner cet éclat[2],
Puisqu'il change mon cœur, qu'il veut changer l'État[3].
1725 Ma haine va mourir, que j'ai crue immortelle ;
Elle est morte, et ce cœur devient sujet fidèle ;
Et prenant désormais cette haine en horreur,
L'ardeur* de vous servir succède à sa fureur*.

CINNA

Seigneur, que vous dirai-je après que nos offenses
1730 Au lieu de châtiments trouvent des récompenses ?
O vertu* sans exemple ! ô clémence qui rend
Votre pouvoir plus juste, et mon crime plus grand !

AUGUSTE

Cesse d'en retarder[4] un oubli magnanime,
Et tous deux avec moi faites grâce à Maxime :
1735 Il nous a trahis tous ; mais ce qu'il a commis

---

1. *Connaître* : reconnaître ; 2. *Cet éclat* : cette importance ; 3. J'ose me donner ce témoignage éclatant que si le ciel change mon cœur, c'est qu'il veut changer l'État ; 4. En continuant à parler.

——— QUESTIONS ———

● Vers 1693-1714. Analysez cette tirade d'Auguste, en montrant comment la solution de la clémence s'impose à lui comme la seule solution possible s'il veut rester digne de lui-même et sauvegarder sa gloire. Insistez sur les v. 1696-1697. Le v. 1698 révèle-t-il de l'orgueil ou la satisfaction du devoir accompli ? Sur quel ton est prononcé le v. 1701 ? Pourquoi Auguste humilie-t-il encore Cinna au v. 1704 ?

● Vers 1715-1728. Le revirement d'Émilie ne vous paraît-il pas surprenant ? Comment l'expliquez-vous ? — Montrez l'extrême importance des v. 1721-1724 et, en particulier, des mots : *le ciel* (v. 1721) et *changer l'État* (v. 1724).

● Vers 1729-1732. Cinna ne fait que « suivre » Émilie : pouvait-on attendre une autre attitude de sa part ?

Vous conserve innocents et me rend mes amis.
     (A Maxime.)
Reprends auprès de moi ta place accoutumée;
Rentre dans ton crédit et dans ta renommée;
Qu'Euphorbe de tous trois ait sa grâce à son tour;
1740 Et que demain l'hymen couronne leur amour.
Si tu l'aimes encor, ce sera ton supplice.

MAXIME

Je n'en murmure point, il a trop de justice[1];
Et je suis plus confus, Seigneur, de vos bontés
Que je ne suis jaloux du bien que vous m'ôtez.

CINNA

1745 Souffrez que ma vertu* dans mon cœur rappelée
Vous consacre une foi* lâchement violée,
Mais si ferme à présent, si loin de chanceler
Que la chute du ciel ne pourrait l'ébranler.
     Puisse le grand moteur des belles destinées[2],
1750 Pour prolonger vos jours, retrancher nos années;
Et moi, par un bonheur dont chacun soit jaloux,
Perdre pour vous cent fois ce que je tiens de vous.

LIVIE

Ce n'est pas tout, Seigneur : une céleste flamme
D'un rayon prophétique illumine mon âme.
1755 Oyez ce que les dieux vous font savoir par moi;
De votre heureux destin c'est l'immuable loi.
     Après cette action vous n'avez rien à craindre :
On portera le joug désormais sans se plaindre;
Et les plus indomptés, renversant leurs projets[3],
1760 Mettront toute leur gloire* à mourir vos sujets;
Aucun lâche dessein, aucune ingrate envie
N'attaquera le cours d'une si belle vie;
Jamais plus d'assassins ni de conspirateurs :
Vous avez trouvé l'art d'être maître des cœurs.

---

1. Ce supplice est trop juste; 2. Périphrase qui désigne Dieu; 3. *Renversant leurs projets :* formant des projets contraires.

■——— QUESTIONS ———

● Vers 1733-1744. Le perfide Maxime ne pouvait rester en dehors de la réconciliation générale : par quel argument (v. 1735-1736) Auguste l'absout-il? Maxime ne renonce-t-il pas un peu trop aisément à Émilie?

1765 Rome, avec une joie et sensible et profonde,
   Se démet en vos mains de l'empire du monde;
   Vos royales vertus lui vont trop enseigner
   Que son bonheur consiste à vous faire régner :
   D'une si longue erreur pleinement affranchie
1770 Elle n'a plus de vœux que pour la monarchie,
   Vous prépare déjà des temples, des autels,
   Et le ciel une place entre les immortels;
   Et la postérité, dans toutes les provinces,
   Donnera votre exemple aux plus généreux* princes.

AUGUSTE

1775 J'en accepte l'augure, et j'ose l'espérer :
   Ainsi toujours les dieux vous daignent inspirer!
      Qu'on redouble demain les heureux sacrifices
   Que nous leur offrirons sous de meilleurs auspices,
   Et que vos conjurés entendent publier
1780 Qu'Auguste a tout appris et veut tout oublier.

QUESTIONS

● VERS 1745-1774. Comment les propos de Cinna ouvrent-ils la prophétie sur l'avenir ? La tirade de Livie (v. 1753-1774) ne paraît-elle pas un peu ridicule ? N'a-t-elle pas cependant son utilité, en confirmant l'importance politique de la décision d'Auguste ? — L'annonce d'un règne heureux ne prouve-t-elle pas que la voie choisie par Auguste est la meilleure ?

● VERS 1775-1780. Montrez la valeur de chacun des mots de ce dernier vers.

■ SUR L'ENSEMBLE DE LA SCÈNE III. — La beauté de cette dernière scène est-elle sans défaillance ? Les faiblesses que nous y découvrons (conversion générale, prophétie de Livie) ne s'expliquent-elles pas, si l'on se place dans la perspective de la psychologie cornélienne ?

■ SUR L'ENSEMBLE DE L'ACTE V. — Devant quelle situation se trouve-t-on placé au début du cinquième acte ? Montrez que Corneille a agencé l'action de façon qu'un seul problème sollicite le spectateur et qu'un seul personnage l'intéresse : Auguste.

— Comment progresse l'action ? Ne pourrait-on comparer l'évolution dramatique, du moins jusqu'au vers 1696, au dénouement d'un drame policier, dans lequel la vérité se révèle progressivement à l'enquêteur ? Quelle est toutefois la différence essentielle pour le spectateur entre le dernier acte de *Cinna* et une pièce policière ?

— Quels motifs déterminent Auguste à la clémence ? Sont-ce des motifs d'ordre politique ? Sont-ce ses sentiments pour Émilie, pour Cinna ou même pour Livie ? Montrez qu'Auguste ne trouve qu'en lui-même la justification de son acte.

— Le dénouement est-il prévu à l'avance ? Ou éclate-t-il brusquement ? Montrez qu'il a un caractère « miraculeux », qu'on retrouve dans d'autres ʲèces de Corneille.

EXAMEN DE « CINNA » (1660)

Ce poème a tant d'illustres suffrages qui lui donnent le premier rang parmi les miens, que je me ferais trop d'importants ennemis si j'en disais du mal : je ne le suis pas assez[1] de moi-même pour chercher des défauts où ils n'en ont point voulu voir, et accuser le jugement qu'ils en ont fait, pour obscurcir la gloire qu'ils m'en ont donnée. Cette approbation si forte et si générale vient sans doute de ce que la vraisemblance s'y trouve si heureusement conservée aux endroits où la vérité lui manque, qu'il n'a jamais besoin de recourir au nécessaire[2]. Rien n'y contredit l'histoire, bien que beaucoup de choses y soient ajoutées; rien n'y est violenté par les incommodités de la représentation, ni par l'unité de jour, ni par celle de lieu.

Il est vrai qu'il s'y rencontre une duplicité de lieu particulier[3]. La moitié de la pièce se passe chez Émilie, et l'autre dans le cabinet d'Auguste. J'aurais été ridicule si j'avais prétendu que cet empereur délibérât avec Maxime et Cinna s'il quitterait l'empire, ou non, précisément dans la même place où ce dernier vient de rendre compte à Émilie de la conspiration qu'il a formée contre lui. C'est ce qui m'a fait rompre la liaison des scènes au quatrième acte, n'ayant pu me résoudre à faire que Maxime vînt donner l'alarme à Émilie de la conjuration découverte au lieu même où Auguste en venait de recevoir l'avis par son ordre, et dont il ne faisait que de sortir avec tant d'inquiétude et d'irrésolution. C'eût été une impudence extraordinaire, et tout à fait hors du vraisemblable, de se présenter dans son cabinet un moment après qu'il lui avait fait révéler le secret de cette entreprise et porter la nouvelle de sa fausse mort. Bien loin de pouvoir surprendre Émilie par la peur de se voir arrêtée, c'eût été se faire arrêter lui-même et se précipiter dans un obstacle invincible au dessein qu'il voulait exécuter. Émilie ne parle donc pas où parle Auguste, à la réserve du cinquième acte; mais cela n'empêche pas qu'à considérer tout le poème ensemble[4], il n'aye son unité de lieu, puisque tout s'y peut passer, non seulement dans Rome ou dans un quartier de Rome, mais dans le seul palais d'Auguste, pourvu que vous y vouliez donner un appartement à Émilie qui soit éloigné du sien.

---

1. Assez ennemi; 2. *Recourir au nécessaire* : d'alléguer la nécessité; 3. *Lieu particulier* : d'Aubignac, dans sa *Pratique du théâtre*, distinguait le *lieu de l'ensemble* (la pièce de *Cinna* se passe dans un seul lieu, le palais d'Auguste) et le *lieu particulier* (l'appartement d'Auguste et celui d'Émilie); 4. *Ensemble :* dans son ensemble.

Phot. Bernand.

DÉCOR DU THÉÂTRE SARAH-BERNHARDT (1947)

Mise en scène de Charles Dullin : décor simultané représentant à gauche l'appartement d'Emilie, à droite l'appartement d'Auguste.

Le compte que Cinna lui rend de sa conspiration certifie ce que j'ai dit ailleurs[1], que, pour faire souffrir[2] une narration ornée, il faut que celui qui la fait et celui qui l'écoute aient l'esprit assez tranquille, et s'y plaisent assez pour lui prêter toute la patience qui lui est nécessaire. Émilie a de la joie d'apprendre de la bouche de son amant avec quelle chaleur il a suivi ses intentions ; et Cinna n'en a pas moins de lui pouvoir donner de si belles espérances de l'effet qu'elle en souhaite : c'est pourquoi, quelque longue que soit cette narration, sans interruption aucune, elle n'ennuie point. Les ornements de rhétorique dont j'ai tâché de l'enrichir ne la font point condamner de trop d'artifice, et la diversité de ses figures ne fait point regretter le temps que j'y perds ; mais si j'avais attendu à la commencer qu'Évandre eût troublé ces deux amants par la nouvelle qu'il leur apporte, Cinna eût été obligé de s'en taire ou de la conclure en six vers, et Émilie n'en eût pu supporter davantage.

C'est ici la dernière pièce où je me suis pardonné de longs monologues ; celui d'Émilie ouvre le théâtre, Cinna en fait un au troisième acte, et Auguste et Maxime chacun un au quatrième.

Comme les vers d'*Horace* ont quelque chose de plus net et de moins guindé pour les pensées que ceux du *Cid*, on peut dire que ceux de cette pièce ont quelque chose de plus achevé que ceux d'*Horace*, et qu'enfin la facilité de concevoir le sujet, qui n'est ni trop chargé d'incidents, ni trop embarrassé des récits de ce qui s'est passé avant le commencement de la pièce, est une des causes sans doute de la grande approbation qu'il a reçue. L'auditeur aime à s'abandonner à l'action présente et à n'être point obligé, pour l'intelligence de ce qu'il voit, de réfléchir sur ce qu'il a déjà vu, et de fixer sa mémoire sur les premiers actes, cependant que les derniers sont devant ses yeux. C'est l'incommodité des pièces embarrassées, qu'en termes de l'art on nomme *implexes*, par un mot emprunté du latin, telles que sont *Rodogune* et *Héraclius*. Elle ne se rencontre pas dans les simples ; mais comme celles-là ont sans doute besoin de plus d'esprit pour les imaginer, et de plus d'art pour les conduire, celles-ci, n'ayant pas le même secours du côté du sujet, demandent plus de force de vers, de raisonnement, et de sentiments pour les soutenir.

---

1. *Ailleurs :* dans l'Examen de *Médée ;* 2. *Souffrir :* supporter.

QUESTIONS

■ Sur l'examen de « Cinna ». — Dégagez les principaux arguments qu'emploie Corneille pour justifier sa tragédie. Ces arguments, destinés aux lecteurs de 1660, ne sont-ils pas influencés par le désir de satisfaire certains théoriciens de la tragédie régulière qui, depuis 1640, n'ont fait que préciser leur doctrine ?

DOCUMENTATION THÉMATIQUE

réunie par la Rédaction des Nouveaux Classiques Larousse.

1. VOLTAIRE ET *CINNA*

Dans son *Commentaire* sur le théâtre de Corneille, Voltaire, outre
des critiques de langue et de style, fait un certain nombre d'observations qui pour nous ont un double intérêt : en même temps
qu'elles nous renseignent sur le goût de Voltaire (ce qui ne nous
intéresse que médiocrement ici), elles nous proposent un témoignage sur la manière dont un certain public du XVIIIe siècle voyait
les tragédies de Corneille.

1.1. *CINNA*, TRAGÉDIE HISTORIQUE

◆ Voltaire, qui cite le passage de Sénèque (*De clementia*, I, IX)
relatant la clémence d'Auguste, l'assortit de cette note :

> L'aventure de Cinna laisse quelque doute. Il se peut que ce
> soit une fiction de Sénèque, ou du moins qu'il ait ajouté beaucoup à l'histoire pour mieux faire valoir son chapitre *De la
> clémence*. C'est une chose bien étonnante que Suétone, qui
> entre dans tous les détails de la vie d'Auguste, passe sous
> silence un acte de clémence qui ferait tant d'honneur à cet
> empereur, et qui serait la plus mémorable de ses actions.
> Sénèque suppose la scène en Gaule. Dion Cassius, qui rapporte cette anecdote longtemps après Sénèque, au milieu du
> IIIe siècle de notre ère vulgaire, dit que la chose arriva dans
> Rome. J'avoue que je croirai difficilement qu'Auguste ait
> nommé sur-le-champ premier consul un homme convaincu
> d'avoir voulu l'assassiner.
>
> Mais, vraie ou fausse, cette clémence d'Auguste est un des plus
> nobles sujets de tragédie, une des plus belles instructions pour
> les princes. C'est une grande leçon de mœurs ; c'est, à mon
> avis, le chef-d'œuvre de Corneille, malgré quelques défauts.

◆ Par ailleurs, dans son *Deuxième Discours*, Corneille prône le
sujet historique (texte rappelé entre crochets) ; Voltaire fait la
réflexion suivante :

> [J'estime donc... qu'il n'y a aucune liberté d'inventer la principale action,
> mais qu'elle doit être tirée de l'histoire ou de la fable.]
>
> C'est ici une grande question : S'il est permis d'inventer le
> sujet d'une tragédie ? Pourquoi non, puisqu'on invente toujours
> les sujets de comédie. Nous avons beaucoup de tragédies de
> pure invention, qui ont eu des succès durables à la représentation et à la lecture. Peut-être même ces sortes de pièces sont
> plus difficiles à faire que les autres. On n'y est pas soutenu par
> cet intérêt qu'inspirent les grands noms connus dans l'histoire,
> par le caractère des héros déjà tracé dans l'esprit du spectateur.
> Il est au fait avant qu'on ait commencé. Vous n'avez nul besoin
> de l'instruire, et s'il voit que vous lui donniez une copie fidèle

du portrait qu'il a déjà dans la tête, il vous en tient compte ; mais dans une tragédie où tout est inventé, il faut annoncer les lieux, les temps, et les héros ; il faut intéresser pour des personnages dont votre auditoire n'a aucune connaissance : la peine est double ; et si votre ouvrage ne transporte pas l'âme, vous êtes doublement condamné. Il est vrai que le spectateur peut vous dire : Si l'événement que vous me présentez était arrivé, les historiens en auraient parlé. Mais il peut en dire autant de toutes les tragédies historiques dont les événements lui sont inconnus : ce qui est ignoré et ce qui n'a jamais été écrit sont pour lui la même chose. Il ne s'agit ici que d'intéresser.

1.2. AUTOUR DE LA SCÈNE PREMIÈRE DE L'ACTE II

C'est un des grands moments de *Cinna* ; c'est aussi un passage qui prête à discussion, ou du moins à réflexion — selon Voltaire.

◆ L'unité de lieu.

Corneille, dans son examen de *Cinna*, semble se condamner d'avoir manqué à l'unité de lieu. *Le premier acte*, dit-il, *se passe dans l'appartement d'Emilie, le second dans celui d'Auguste ;* mais il fait aussi réflexion que l'unité s'étend à tout le palais : il est impossible que cette unité soit plus rigoureusement observée. Si on avait eu des théâtres véritables, une scène semblable à celle de Vicence, qui représentât plusieurs appartements, les yeux des spectateurs auraient vu ce que leur esprit doit suppléer. C'est la faute des constructeurs, quand un théâtre ne représente pas les différents endroits où se passe l'action, dans une même enceinte, une place, un temple, un palais, un vestibule, un cabinet, etc. Il s'en fallait beaucoup que le théâtre fût digne des pièces de Corneille. C'est une chose admirable sans doute d'avoir supposé cette délibération d'Auguste avec ceux mêmes qui viennent de faire serment de l'assassiner. Sans cela, cette scène serait plutôt un beau morceau de déclamation qu'une belle scène de tragédie.

◆ Le ton d'Auguste.

Fénelon, dans sa *Lettre* à l'Académie *sur l'éloquence,* dit : « Il me semble qu'on a donné souvent aux Romains un discours trop fastueux ; je ne trouve point de proportion entre l'emphase avec laquelle Auguste parle dans la tragédie de *Cinna,* et la modeste simplicité avec laquelle Suétone le dépeint. » Il est vrai ; mais ne faut-il pas quelque chose de plus relevé sur le théâtre que dans Suétone ? Il y a un milieu à garder entre l'enflure et la simplicité. Il faut avouer que Corneille a quelquefois passé les bornes.

L'archevêque de Cambrai avait d'autant plus raison de reprendre cette enflure vicieuse que, de son temps, les comédiens chargeaient encore ce défaut par la plus ridicule affectation dans l'habillement, dans la déclamation, et dans les gestes. On voyait Auguste arriver avec la démarche d'un matamore, coiffé d'une perruque carrée qui descendait par devant jusqu'à la ceinture ; cette perruque était farcie de feuilles de laurier, et surmontée d'un large chapeau avec deux rangs de plumes rouges. Auguste, ainsi défiguré par des bateleurs gaulois sur un théâtre de marionnettes, était quelque chose de bien étrange. Il se plaçait sur un énorme fauteuil à deux gradins, et Maxime et Cinna étaient sur deux petits tabourets. La déclamation ampoulée répondait parfaitement à cet étalage, et surtout Auguste ne manquait pas de regarder Cinna et Maxime du haut en bas avec un noble dédain, en prononçant ces vers :

> Enfin tout ce qu'adore en ma haute fortune
> D'un courtisan flatteur la présence importune.

Il faisait bien sentir que c'était eux qu'il regardait comme des courtisans flatteurs. En effet, il n'y a rien dans le commencement de cette scène qui empêche que ces vers ne puissent être joués ainsi. Auguste n'a point encore parlé avec bonté, avec amitié, à Cinna et à Maxime ; il ne leur a encore parlé que de son pouvoir *absolu sur la terre et sur l'onde*. On est même un peu surpris qu'il leur propose tout d'un coup son abdication à l'empire, et qu'il les ait mandés avec tant d'empressement pour écouter une résolution si soudaine, sans aucune préparation, sans aucun sujet, sans aucune raison prise de l'état présent des choses.

Lorsque Auguste examinait avec Agrippa et avec Mécène s'il devait conserver ou abdiquer sa puissance, c'était dans des occasions critiques qui amenaient naturellement cette délibération ; c'était dans l'intimité de la conversation, c'était dans des effusions de cœur. Peut-être cette scène eût-elle été plus vraisemblable, plus théâtrale, plus intéressante, si Auguste avait commencé par traiter Cinna et Maxime avec amitié, s'il leur avait parlé de son abdication comme d'une idée qui leur était déjà connue : alors la scène ne paraîtrait plus amenée comme par force, uniquement pour faire un contraste avec la conspiration. Mais, malgré toutes ces observations, ce morceau sera toujours un chef-d'œuvre par la beauté des vers, par les détails, par la force du raisonnement, et par l'intérêt même qui doit en résulter : car est-il rien de plus intéressant que de voir Auguste rendre ses propres assassins arbitres de sa destinée ? Il serait mieux, j'en conviens, que cette scène eût pu être préparée ; mais le fond est toujours le même, et les beautés de détail, qui seules peuvent faire les succès des poètes, sont d'un genre sublime.

[Vers 11. L'ambition déplaît quand elle est assouvie, etc.]

Ces maximes générales sont rarement convenables au théâtre (comme nous le remarquons plusieurs fois), surtout quand leur longueur dégénère en dissertation ; mais ici elles sont à leur place. La passion et le danger n'admettent point les maximes. Auguste n'a point de passion, et n'éprouve point ici de dangers : c'est un homme qui réfléchit, et ces réflexions mêmes servent encore à justifier le projet de renoncer à l'empire. Ce qui ne serait pas permis dans une scène vive et passionnée est ici admirable.

◆ L'effet de surprise.

A propos du passage du *Premier Discours* cité entre crochets, Voltaire écrit :

[La conspiration de Cinna et la consultation d'Auguste, avec lui et Maxime, n'ont aucune liaison entre elles... bien que le résultat de l'une produise de beaux effets pour l'autre.]

C'est un grand coup de l'art, en effet ; c'est une des beautés les plus théâtrales, qu'au moment où Cinna vient de rendre compte à Emilie de la conspiration, lorsqu'il a inspiré tant d'horreur contre les cruautés d'Auguste, lorsqu'on ne désire que la mort de ce triumvir, lorsque chaque spectateur semble devenir lui-même un des conjurés, tout à coup Auguste mande Cinna et Maxime les chefs de la conspiration. On craint que tout ne soit découvert, on tremble pour eux. Et c'est là cette terreur qui produit, dans la tragédie, un effet si admirable et si nécessaire.

◆ L'attitude de Cinna.

A propos des vers de la scène II de l'acte III, dont nous donnons la référence entre crochets, Voltaire revient sur la grande scène qui ouvre l'acte II.

[Vers 2. Puis-je d'un tel chagrin savoir quel est l'objet?
— Emilie et César. L'un et l'autre me gêne.]

C'est là peut-être ce que Cinna devait dire immédiatement après la conférence d'Auguste. Pourquoi a-t-il à présent des remords? S'est-il passé quelque chose de nouveau qui ait pu lui en donner? Je demande toujours pourquoi il n'en a point senti quand les bienfaits et la tendresse d'Auguste devaient faire sur son cœur une si forte impression. Il a été perfide ; il s'est obstiné dans sa perfidie. Les remords sont le partage naturel de ceux que l'emportement des passions entraîne au crime, mais non pas des fourbes consommés. C'est sur quoi les lecteurs qui connaissent le cœur humain doivent prononcer. Je suis bien loin de porter un jugement.

[Vers 25. Vous n'aviez point tantôt ces agitations.]

Vous voyez que Corneille a bien senti l'objection. Maxime demande à Cinna ce que tout le monde lui demanderait. Pourquoi avez-vous des remords si tard? Qu'est-il survenu qui vous oblige à changer ainsi? Il veut en *tirer quelque chose*, et cependant il n'en tire rien. S'il voulait s'éclaircir de la passion

d'Emilie, n'aurait-il pas été convenable que d'abord il eût soup-
çonné leur intelligence; que Cinna la lui eût avouée; que cet
aveu l'eût mis au désespoir, et que ce désespoir, joint aux
conseils d'Euphorbe, l'eût déterminé, non pas à être délateur,
car cela est bas, petit et sans intérêt, mais à laisser deviner la
conspiration par ses emportements?

> [Vers 28. On ne les sent aussi que quand le coup approche;
> Et l'on ne reconnaît de semblables forfaits
> Que quand la main s'apprête à venir aux effets.]

Oui, si vous n'avez pas reçu des bienfaits de celui que vous
vouliez assassiner; mais si, entre les préparatifs du crime et la
consommation, il vous a donné les plus grandes marques de
faveur, vous avez tort de dire qu'on ne sent des remords qu'au
moment de l'assassinat.

Un coup n'approche pas; *reconnaître des forfaits* n'est pas le
mot propre; *en venir aux effets* est faible et prosaïque.

Il sera peut-être utile de faire voir comment Shakespeare,
soixante ans auparavant, exprima le même sentiment dans la
même occasion. C'est Brutus prêt à assassiner César.

« Entre le dessein et l'exécution d'une chose si terrible, tout
l'intervalle n'est qu'un rêve affreux. Le génie de Rome et les
instruments mortels de sa ruine semblent tenir conseil dans
notre âme bouleversée : cet état funeste de l'âme tient de l'horreur de nos guerres civiles :

> Between the acting of a dreadful thing
> And the first motion, all the interim is
> Like a fantasma, or a hideous dream, etc.

Je ne présente point ces objets de comparaison pour égaler
les irrégularités sauvages et pernicieuses de Shakespeare à la
profondeur du jugement de Corneille, mais seulement pour
faire voir comment des hommes de génie expriment différemment les mêmes idées. Qu'il me soit seulement permis d'observer encore qu'à l'approche de ces grands événements l'agitation
qu'on sent est moins un remords qu'un trouble dont l'âme est
saisie : ce n'est point un remords que Shakespeare donne à
Brutus.

> [Vers 44. Et formez vos remords d'une plus juste cause,
> De vos lâches conseils, qui seuls ont arrêté
> Le bonheur renaissant de notre liberté.]

Voilà la plus forte critique du rôle qu'a joué Cinna dans la
conférence avec Auguste; aussi Cinna n'y répond-il point.
Cette scène est un peu froide, et pourrait être très vive : car
deux rivaux doivent dire des choses intéressantes, ou ne pas
paraître ensemble; ils doivent être à la fois défiants et animés;
mais ici ils ne font que raisonner. *Arrêter un bonheur renaissant,* l'expression est trop impropre.

> [Vers 53. Mais entendez crier Rome à votre côté.]

Cela est plus froid encore, parce que Maxime fait ici l'enthousiaste mal à propos. Quiconque s'échauffe trop refroidit. Maxime parle en rhéteur : il devrait épier avec une douleur sombre toutes les paroles de Cinna, paraître jaloux, être prêt d'éclater, se retenir. Il est bien loin d'être un *véritable amant*, comme le disait son confident ; il n'est ni un vrai Romain, ni un vrai conjuré, ni un vrai amant ; il n'est que froid et faible. Il a même changé d'opinion, car il disait à Cinna, au second acte : Pourquoi voulez-vous assassiner Auguste, plutôt que de recevoir de lui la liberté de Rome ? Et à présent il dit : Pourquoi n'assassinez-vous pas Auguste ? Veut-il, par là, faire persévérer Cinna dans le crime afin d'avoir une raison de plus pour être son délateur, comme Cinna a voulu empêcher Auguste d'abdiquer afin d'avoir un prétexte de plus de l'assassiner ? En ce cas, voilà deux scélérats qui cachent leur basse perfidie par des raisonnements subtils.

> [Vers 57. Ami, n'accable plus un esprit malheureux
> Qui ne forme qu'en lâche un dessein généreux.]

Voilà Cinna qui se donne lui-même le nom de *lâche,* et qui par ce seul mot détruit tout l'intérêt de la pièce, toute la grandeur qu'il a déployée dans le premier acte. Que veulent dire les *abois* d'une vieille amitié qui lui fait pitié ? Quelle façon de parler ? et puis il parle de sa *mélancolie!*

> [Vers dern. Adieu, je me retire en confident discret.]

Maxime finit son indigne rôle dans cette scène par un vers de comédie, et en se retirant comme un valet à qui on dit qu'on veut être seul. L'auteur a entièrement sacrifié ce rôle de Maxime : il ne faut le regarder que comme un personnage qui sert à faire valoir les autres.

1.3. LE RÔLE DE LIVIE

Voltaire a vivement attaqué l'utilité de ce rôle, pour des raisons qu'il indique ici.

◆ A propos de IV, IV.

On a retranché toute cette scène au théâtre depuis environ trente ans. Rien ne révolte plus que de voir un personnage s'introduire sur la fin sans avoir été annoncé, et se mêler des intérêts de la pièce sans y être nécessaire. Le conseil que Livie donne à Auguste est rapporté dans l'histoire ; mais il fait un très mauvais effet dans la tragédie. Il ôte à Auguste la gloire de prendre de lui-même un parti généreux. Auguste répond à Livie : *Vous m'aviez bien promis des conseils d'une femme; vous me tenez parole;* et après ces vers comiques, il suit ces mêmes conseils. Cette conduite l'avilit. On a donc eu râison de retrancher tout le rôle de Livie, comme celui de l'infante dans *le Cid*. Pardonnons ces fautes au commencement de l'art, et surtout au sublime, dont Corneille a donné beaucoup plus d'exemples qu'il n'en a donné de faiblesses dans ses belles tragédies.

◆ A propos du *Premier Discours* (passage rappelé entre crochets).

[Quand je n'aurais point parlé de Livie dans [le premier acte de] *Cinna*, j'aurais pu la faire entrer au quatrième.]

Il eût été mieux de ne point du tout faire paraître Livie. Elle ne sert qu'à dérober à Auguste le mérite et la gloire d'une belle action. Corneille n'introduisit Livie que pour se conformer à l'histoire, ou plutôt à ce qui passait pour l'histoire : car cette aventure ne fut d'abord écrite que dans une déclamation de Sénèque sur la clémence. Il n'était pas dans la vraisemblance qu'Auguste eût donné le consulat à un homme très peu considérable dans la république, pour avoir voulu l'assassiner.

1.4. LES MONOLOGUES

Le spectateur moderne, souvent, les trouve longs et pense qu'ils ralentissent l'action. L'opinion de Voltaire, plus nuancée, juge différemment de chacun d'eux selon des critères qui pourront être débattus.

◆ Le monologue d'Emilie (I, 1).

Plusieurs actrices ont supprimé ce monologue dans les représentations. Le public même paraissait souhaiter ce retranchement. On y trouvait de l'amplification. Ceux qui fréquentent les spectacles disaient qu'Emilie ne devait pas ainsi se parler à elle-même, se faire des objections et y répondre ; que c'était une déclamation de rhétorique ; que les mêmes choses qui seraient très convenables quand on parle à sa confidente sont très déplacées quand on s'entretient toute seule avec soi-même ; qu'enfin la longueur de ce monologue y jetait de la froideur, et qu'on doit toujours supprimer ce qui n'est pas nécessaire. Cependant j'étais si touché des beautés répandues dans cette première scène que j'engageai l'actrice qui jouait Emilie à la remettre au théâtre ; et elle fut très bien reçue.

Quand il se trouve des acteurs capables de jouer *Cinna*, on retranche assez communément ce monologue. Le public a perdu le goût de ces déclamations : celle-ci n'est pas nécessaire à la pièce. Mais n'a-t-elle pas de grandes beautés? n'est-elle pas majestueuse, et même assez passionnée? Boileau trouvait dans ces *impatients désirs, enfants du ressentiment, embrassé par la douleur*, une espèce de famille : il prétendait que les grands intérêts et les grandes passions s'expriment plus naturellement ; il trouvait que le poète paraît trop ici, et le personnage trop peu.

◆ Le monologue de Cinna (III, III).

Voici le cas où un monologue est convenable. Un homme dans une situation violente peut examiner avec lui-même le danger de son entreprise, l'horreur du crime qu'il va commettre, écouter ou combattre ses remords ; mais il fallait que ce monologue fût placé après qu'Auguste l'a comblé d'amitiés et de bienfaits, et non pas après une scène froide avec Maxime.

◆ Le monologue d'Auguste (IV, II).

Voilà encore une occasion où un monologue est bien placé ; la situation d'Auguste est une excuse légitime. D'ailleurs, il est bien écrit, les vers sont beaux, les réflexions sont justes, intéressantes ; ce morceau est digne du grand Corneille.

◆ Le monologue de Maxime (IV, VI).

Non seulement Voltaire le désapprouve, mais il l'épluche en détail, comme l'atteste son commentaire de toute la scène. A propos de III, II, il critique sévèrement le rôle même de Maxime.

— Sur IV, VI : nous indiquons entre crochets les références des passages concernés.

Autant que le spectateur s'est prêté au monologue important d'Auguste, qui est un personnage respectable, autant il se refuse au monologue de Maxime, qui excite l'indignation et le mépris. Jamais un monologue ne fait un bel effet que quand on s'intéresse à celui qui parle ; que quand ses passions, ses vertus, ses malheurs, ses faiblesses, font dans son âme un combat si noble, si attachant, si animé, que vous lui pardonnez de parler trop longtemps à soi-même.

> [Vers 3. . . . . . Et quel est le supplice
> Que ta vertu prépare à ton vain artifice ?]

Ce mot de *vertu* dans la bouche de Maxime est déplacé, et va jusqu'au ridicule.

> [Vers 7. Sur un même échafaud la perte de sa vie
> Etalera sa gloire et ton ignominie.]

Il n'y avait point d'échafauds chez les Romains pour les criminels. L'appareil barbare des supplices n'était point connu, excepté celui de la potence en croix pour les esclaves.

> [Vers 11. Un même jour t'a vu par une fausse adresse
> Trahir ton souverain, ton ami, ta maîtresse.]

Fausse adresse est trop faible, et Maxime n'a point été adroit.

> [Vers 19. Jamais un affranchi n'est qu'un esclave infâme.]

Il ne paraît pas convenable qu'un conjuré, qu'un sénateur reproche à un esclave de lui avoir fait commettre une mauvaise action ; ce reproche serait bon dans la bouche d'une femme faible, dans celle de Phèdre par exemple à l'égard d'Œnone, dans celle d'un jeune homme sans expérience ; mais le spectateur ne peut souffrir un sénateur qui débite un long monologue pour dire à son esclave, qui n'est pas là, qu'il espère qu'il pourra se venger de lui, et le punir de lui avoir fait commettre une action infâme.

[Vers 25. Mon cœur te résistait, et tu l'as combattu
Jusqu'à ce que ta fourbe ait souillé sa vertu.]

Il faut éviter cette cacophonie en vers, et même dans la prose soutenue.

[Vers 29. Mais les dieux permettront à mes ressentiments
De te sacrifier aux yeux des deux amants.]

On se soucie fort peu que cet esclave Euphorbe soit mis en croix ou non. Cet acte est un peu défectueux dans toutes ses parties : la difficulté d'en faire cinq est si grande, l'art était alors si peu connu, qu'il serait injuste de condamner Corneille. Cet acte eût été admirable partout ailleurs dans son temps ; mais nous ne recherchons pas si une chose était bonne autrefois : nous recherchons si elle est bonne pour tous les temps.

[Vers 31. Et je m'ose assurer qu'en dépit de mon crime
Mon sang leur servira d'assez pure victime.]

On ne peut pas dire *en dépit de mon crime*, comme on dit *malgré mon crime, quel qu'ait été mon crime*, parce qu'un crime n'a point de dépit. On dit bien *en dépit de ma haine, de mon amour*, parce que les passions se personnifient.

— Sur III, II, même remarque ; voir ci-dessus, en **1.2.**, « L'attitude de Cinna ».

2. *CINNA* ET L'HISTOIRE CONTEMPORAINE

2.1. LES FAITS

Drame politique, *Cinna* doit se replacer dans l'époque contemporaine. La tragédie fut jouée pour la première fois en 1640, c'est donc en 1639 qu'elle fut écrite. Or, toute cette période fut pour la France un temps d'émeutes et de répression. Richelieu poursuivait sa politique d'absolutisme qui s'était déjà manifestée contre la noblesse. Désireux d'établir un pouvoir fort et centralisé, il luttait contre l'anarchie féodale. Il avait manqué être renversé en 1630, mais avait été sauvé par la ferme volonté de Louis XIII. Jusqu'à sa mort, il devra lutter contre les Grands qui le haïssent. Le duc de Montmorency, filleul de Henri IV, gouverneur du Languedoc, qui avait tenté de soulever sa province, fut condamné et décapité en 1632.
Pour compléter sa lutte contre les adversaires du pouvoir royal, Richelieu s'occupa étroitement de l'administration du royaume. Il s'appuya sur la bourgeoisie et sur la « noblesse de robe ». C'est surtout la politique financière qui provoqua constamment des

émeutes et des insurrections. Les tailles et les gabelles furent augmentées plusieurs fois, ce qui amena des soulèvements dans la plupart des provinces. De toutes les provinces, la Normandie était la plus surchargée. On lit dans le cahier des états de 1638 :

> Nous refusons d'entrer dans le détail des impositions, des levées, des corvées, des étapes, des contributions dont le prétexte de la guerre nous a fait surcharger, depuis deux ans ; leur nombre accable la mémoire, l'excès confond le jugement [...].

En 1639 eut lieu, en Normandie, la révolte des « va-nu-pieds ». Des campagnes, la révolte gagna les villes. C'est à Rouen qu'elle atteignit son degré extrême. Un agent du gouvernement, Jacob Hais, qui avait voulu marquer une pièce de drap sous contrôle de l'Etat, fut assailli par le peuple qui « le perça de clous et autres ferrements et força ceux qui menaient des charrettes de passer sur son corps ». La maison de Nicolas Le Tellier, receveur général des gabelles, fut prise d'assaut. Il y avait des pillages sans nombre. Les bourgeois finirent par s'armer pour réprimer le vol. Trente hommes ou femmes furent tués et bien d'autres blessés. Le 31 décembre 1639, Rouen fut occupée militairement par Gassion, suivi par Séguier, qui avait les pleins pouvoirs du roi.
Voilà quels sont les événements, mais pourquoi et comment Corneille envisagea-t-il d'intervenir ?

> En sa qualité d'avocat aux sièges généraux de l'Amirauté, Corneille faisait partie du parlement ; il comptait parmi les proscrits des amis, des parents peut-être, et devait avoir à cœur de calmer les ressentiments de Richelieu. Est-ce à dire que nous ne voyons dans *Cinna* qu'un éloquent plaidoyer ? Dieu nous en garde ! (Marty-Laveaux, *Commentaires sur « Cinna »*.)

Pour Marty-Laveaux, Corneille désirait avant tout faire une belle tragédie, mais ayant trouvé dans le *De clementia* de Sénèque un magnifique exemple de clémence, il semble naturel qu'il ait souhaité pour sa ville natale « un souverain aussi magnanime qu'Auguste », et Marty-Laveaux poursuit :

> S'il a eu cette idée, la Rome antique s'est tout à coup animée à ses yeux, et l'émotion que lui avaient causée les troubles dont il venait d'être le témoin fut la source de cette inspiration passionnée avec laquelle il peignit en contemporain, en spectateur fidèle, les agitations qui accompagnèrent l'établissement de l'empire. Le public était du reste admirablement préparé à goûter une œuvre de ce genre.

La tragédie eut d'ailleurs un grand succès.

George Couton explique, dans son récent ouvrage sur Corneille, la présence de l'histoire contemporaine tout d'abord par un climat créé :

> Le théâtre contemporain de Richelieu débat volontiers des idées ; Corneille écrit à Richelieu : « Ce changement visible qu'on remarque dans mes ouvrages depuis que j'ai l'honneur d'être à Votre Eminence, qu'est-ce autre chose qu'un effet des grandes idées qu'elle m'inspire quand elle daigne souffrir que je lui rende mes devoirs ? » Le régime de Richelieu créait une telle tension que la tragédie ne pouvait pas se contenter d'aventures romanesques et sentimentales. Les grandes tragédies de Corneille ne se comprennent pleinement que dans ce climat excitant et tonique.

La seconde explication, ce sont les événements qui se sont produits en 1639 ; cependant, G. Couton s'oppose à l'idée selon laquelle *Cinna* serait un appel à la clémence et constate qu'en lisant attentivement *Cinna* on ne rencontre aucune allusion à ce fait.

> Que cette expérience des guerres civiles ait amené le poète à réfléchir aux opportunités respectives d'une politique de rigueur et d'une politique de clémence, on n'en saurait douter ; mais rien ne permet de préciser davantage.

L'auteur recherche plutôt les analogies de situation entre *Cinna* et les événements contemporains. Corneille a brossé ou esquissé trois tableaux :

> Le premier, évoquant la décomposition de la république romaine avant Auguste, insiste sur la disparition de l'esprit civique et de la démocratie véritable au profit d'une aristocratie turbulente, dont les divisions menacent l'unité nationale.

On étudiera ce premier tableau dans la scène première de l'acte II. On rapprochera cette étude des textes suivants extraits des *Mémoires* de La Rochefoucauld.

Le premier extrait évoque l'hostilité de l'auteur des *Maximes* à l'égard de Richelieu. Hostilité qui fut celle de tous les Grands, qui se voyaient frustrés de la liberté et des pouvoirs dont jouissaient les seigneurs féodaux. Richelieu dut faire face aux cabales et aux complots des plus grands personnages attachés à sa perte, dont le frère du roi Gaston d'Orléans. En 1626 avait eu lieu l'exécution du marquis de Chalais, qui avait fomenté le premier complot contre Richelieu.

Voici l'opinion de La Rochefoucauld :

> [...] Mon père se trouva exposé, comme la plus grande partie de la Cour, à la persécution du Cardinal ; il fut soupçonné d'être dans les intérêts de Monsieur [frère du roi] et il eut ordre d'aller dans une maison qu'il avait près de Blois.

Tant de sang répandu et tant de fortunes renversées avaient rendu odieux le ministère du cardinal de Richelieu ; la douceur de la régence de Marie de Médicis était encore présente, et tous les Grands du Royaume, qui se voyaient abattus, croyaient avoir passé de la liberté à la servitude. J'avais été nourri dans ces sentiments [...] : la domination du Cardinal de Richelieu me parut injuste, et je crus que le parti de la reine était le seul qu'il fût honnête de suivre.

Mais plus tard, après la mort de Richelieu, La Rochefoucauld adresse un noble hommage désintéressé au cardinal :

[...] Quelque joie que dussent recevoir ses ennemis de se voir à couvert de tant de persécutions, la suite a fait connaître que cette perte fut très préjudiciable à l'Etat, et que, puisqu'il en avait osé changer la forme en tant de manières, lui seul la pouvait maintenir utilement si son administration et sa vie eussent été de plus longue durée. Nul que lui n'avait bien connu jusqu'alors toute la puissance du Royaume et ne l'avait su remettre entière entre les mains du Souverain. La sévérité de son ministère avait répandu beaucoup de sang, les Grands du Royaume avaient été abaissés, les peuples avaient été chargés d'impositions ; mais la prise de La Rochelle, la ruine du parti huguenot, l'abaissement de la Maison d'Autriche, tant de grandeur dans ses desseins, tant d'habileté à les exécuter, doivent étouffer les ressentiments particuliers et donner à sa mémoire les louanges qu'elle a justement méritées.

{ Le grave et éternel problème de la justification de la fin par les moyens n'est-il pas exposé ici ? On recherchera des analogies dans l'acte II, scène première, de *Cinna*. En quoi le premier tableau esquissé par Corneille, d'après George Couton est-il le reflet de son époque ?

◆ George Couton poursuit :

Le deuxième tableau montre le règne d'Auguste ; un pouvoir fort et centralisateur a remplacé cette anarchie sanglante. Doit-on l'estimer illégitime, contraire aux desseins de la Providence, du fait qu'il s'est établi puis maintenu par la violence ? Non. L'autorité d'Auguste est donc doublement légitime : parce qu'il l'a conquise (v. 421) ; par le seul fait qu'elle existe (v. 1609-1614).

{ On recherchera dans l'acte III de *Cinna* les passages relatifs à ce deuxième tableau.

◆ Pour George Couton, le troisième tableau est une question posée dans *Cinna* : qu'arriverait-il si le prince disparaissait ? Ce sont donc l'imagination et la prévoyance politique qui composent ce tableau : « Qu'on se représente la disparition du Prince ; les grandes familles ne laisseraient certainement pas le chef de la conspiration gouverner paisiblement (v. 1535-1540); on ne saurait éviter l'anarchie, le retour aux guerres civiles » (George Couton, *op. cit.*).

{ On rapprochera cette opinion de la scène première de l'acte V.
{ Pour G. Couton, « ce triptyque figure la France de
{ Louis XIII ». On recherchera en quoi ces trois tableaux évo-
{ qués dans *Cinna* représentent tout autant l'époque contempo-
{ raine à la rédaction de la tragédie que l'histoire romaine.

2.2. LES IDÉES DÉBATTUES

Parallèlement aux émeutes, tout un courant d'idées et de discussions agitait l'époque.

Nous citons ici deux fragments du *Testament politique* de Riche-lieu, qui fera mieux comprendre et sentir le climat dans lequel fut écrit *Cinna* :

> Tous les politiques sont d'accord que, si les peuples étaient trop à leur aise, il serait impossible de les contenir dans les règles de leur devoir.
> [...] La raison ne permet pas de les exempter de toutes charges, parce que, perdant en tel cas la marque de leur sujétion, ils perdent aussi la mémoire de leur condition, et que, s'ils étaient libres des tributs, ils penseraient l'être de l'obéissance. Il faut les comparer aux mulets qui, étant accoutumés à la charge, se gâtent par un long repos, plus que par le travail. Mais, ainsi que ce travail doit être modéré et qu'il faut que la charge de ces animaux soit proportionnée à leur force, il en est de même des subsides à l'égard des peuples ; s'ils n'étaient modérés, lors même qu'ils seraient utiles au public, ils ne laisseraient pas d'être injustes. (Extrait tiré de la section intitulée « Du peuple ».)

Dans le second extrait, la théorie de la « raison d'État », si chère à Richelieu, est exposée dans toute sa rigueur :

> La peine et la récompense sont les deux points les plus impor-tants pour la conduite d'un Royaume.
> [...] Je fais marcher la peine devant la récompense, parce que, s'il fallait se priver de l'une des deux, il vaudrait mieux se dispenser de la dernière que de la première.
> [...] Bien que pardonner [...] soit une action louable, ne châtier pas une faute de conséquence, dont l'impunité ouvre la porte à la licence, est une omission criminelle.
> [...] Être rigoureux envers les particuliers, qui font gloire de mépriser les lois et les ordres de l'Etat, c'est être bon pour le public, et on ne saurait commettre un plus grand crime contre les intérêts publics qu'en se rendant indulgent envers ceux qui les violent.
> [...] En matière de crime d'Etat, il faut fermer la porte à la pitié, mépriser les plaintes des personnes intéressées et les

discours d'une populace ignorante, qui blâme quelquefois ce qui lui est le plus utile et souvent tout à fait nécessaire.

Paul Bénichou, dans son livre *Morale du Grand Siècle*, explique que *Cinna* s'est inspiré de l'histoire contemporaine par les idées qui y sont débattues :

> Ainsi la critique des maximes d'Etat et du despotisme au nom d'une morale généreuse tient-elle la première place dans l'époque qui nous occupe : l'image du mauvais roi qui mésuse et abuse de son pouvoir, du tyran, comme on disait déjà, est présente, d'un bout à l'autre du théâtre de Corneille.

P. Bénichou donne quelques exemples de discussions politiques qui passionnaient le XVIIᵉ siècle.

> On recherchera dans *Cinna* les autres éléments de discussions politiques qui paraissent propres à cette époque. On réfléchira à ce qu'était la féodalité, quels renoncements signifiait pour les grands de l'époque la monarchie absolue qu'instaurait Richelieu, à ce que représentait le parti huguenot qui, selon Richelieu, constituait un « Etat dans l'Etat ».

Voici ce qu'écrivait Richelieu en 1624 dans son *Testament politique* :

> Lorsque Votre Majesté se résolut de me donner en même temps et l'entrée de ses conseils et grande part en sa confiance pour la direction de ses affaires, je puis dire avec vérité que les Huguenots partageaient l'Etat avec Elle, que les Grands se conduisaient comme s'ils n'eussent pas été ses sujets, et les plus puissants Gouverneurs des Provinces comme s'ils eussent été souverains en leurs charges [...]. Je puis dire encore que les alliances étrangères étaient méprisées, les intérêts particuliers préférés aux publics, en un mot, la dignité de la Majesté royale, tellement ravalée [...] qu'il était presque impossible de la reconnaître.

Richelieu indique ensuite ce qu'a été son programme :

> [Je promis à Votre Majesté] d'employer toute mon industrie et toute l'autorité qu'il lui plaisait me donner pour ruiner le parti huguenot, rabaisser l'orgueil des Grands, réduire tous ses sujets en leur devoir et relever son nom dans les nations étrangères au point où il devait être.

Voici la pensée de P. Bénichou :

> Ainsi Maxime conseillant à Auguste d'abandonner le pouvoir, Cinna, qui dans la même scène feint de défendre le régime absolutiste, oppose à cette diversité selon l'espace l'inéluctable variation des temps ; c'étaient là des arguments courants dans la controverse politique ; on invoquait le tempérament de la

nation française pour justifier le maintien des vieilles institutions, on invoquait la marche des choses pour justifier les
progrès de l'absolutisme.

> Ces points de discussions politiques existant au XVIIᵉ siècle
> ont-ils disparu ou bien les retrouve-t-on encore de nos jours?
> N'est-ce pas une discussion de tous les temps?

P. Bénichou fait un second rapprochement, entre l'aristocratie
romaine et l'aristocratie française; l'une et l'autre connaissent les
mêmes problèmes : celui de la prééminence de la race, de la naissance, de la liberté aristocratique, du pouvoir à travers elles-mêmes,
enfin tous les problèmes que rencontrait l'aristocratie française sous
Louis XIV.

> En ce sens, le débat qui s'institue dans *Cinna,* entre Auguste
> et ses conseillers sur la liberté politique et le gouvernement
> absolu au moment où Richelieu vient de passer de l'une à
> l'autre, n'était pas pour les contemporains de Corneille un pur
> exercice de rhétorique.

> On relèvera dans *Cinna* les diverses ressemblances ainsi éta-
> blies entre les deux aristocraties.

Cependant P. Bénichou ne va pas plus avant dans son rapprochement. Il formule des réserves :

> La discordance est pourtant grande entre les deux mondes.
> Corneille a beau les mêler, les fondre presque, faire de Cinna
> un chevalier servant, attribuer à ses Romains la gloriole et la
> courtoisie des héros du siècle, ce caractère républicain qui
> dédaigne la grandeur royale, cette ardeur civique et patrio-
> tique sont, pour ces spectateurs nobles, des sujets d'exaltation
> mal accordés à leurs mœurs réelles.

> L'empreinte du XVIIᵉ siècle est très forte dans la pièce. Il
> semble, en conclusion, qu'il ne faille pas faire un trop grand
> rapprochement entre les prises de position politique dans
> *Cinna* et les événements contemporains de Corneille. Cepen-
> dant, il y a quelque chose de commun entre les deux. Mais
> quoi? Est-ce l'atmosphère, les grandes idées que l'on y déve-
> loppe? Est-ce la transposition en vers des « sujets de conver-
> sation » sous Louis XIII? A la fin de la représentation de
> *Cinna* se sent-on plus dans le contexte de l'empereur Auguste
> et de Rome ou davantage dans celui de Richelieu et de la
> France troublée? N'y a-t-il pas une impulsion à écouter en
> dépit de tous les arguments de fond?

3. LE DÉBAT POLITIQUE DANS *CINNA* : CORNEILLE ET DION CASSIUS

Voltaire, dans ses commentaires sur *Cinna,* dit à propos de la scène première de l'acte II : « C'est un traité du droit des gens. La différence que Corneille établit entre l'usurpation et la tyrannie était une chose toute nouvelle ; et jamais écrivain n'avait étalé des idées politiques en prose aussi fortement que Corneille les approfondit en vers. »

Ce débat politique, Corneille l'a tiré en grande partie du livre LII de l'*Histoire romaine* de Dion Cassius. Auguste demande à ses conseillers Agrippa et Mécène s'il doit conserver le pouvoir ou bien s'il doit l'abandonner. Chacun répond à son tour :

3.1. LA RÉPONSE D'AGRIPPA

4 — L'égalité des droits est un mot de bon augure, et son œuvre est une œuvre de justice. Comment, en effet, quand on a reçu du sort la même nature, quand on est de la même race, quand on a été élevé dans les mêmes coutumes et instruits suivant des lois semblables, quand on met en commun à la disposition de la patrie et son corps et son âme, ne serait-il pas juste de partager aussi tout le reste en commun ? Comment ne serait-ce pas chose excellente qu'il n'y ait en rien de préférence que pour le mérite ? L'égalité de naissance demande l'égalité de condition ; elle se rejoint lorsqu'elle l'obtient, elle s'afflige quand elle en est privée. De plus, tout être humain, attendu qu'il est issu des dieux et qu'il doit retourner vers les dieux, porte en haut ses regards. Il ne veut pas toujours être commandé par le même chef, et ne supporte pas de participer aux fatigues, aux dangers, aux dépenses sans prendre part aux avantages : loin de là s'il est forcé de subir quelque chose de pareil, il déteste cette violence, et quand il en peut saisir l'occasion il se venge de ce qu'il déteste. Tous se croient dignes de commander, et par ce motif ils souffrent qu'on les commande à leur tour ; ils ne veulent pas être opprimés, et pour cette raison ils ne sont pas eux-mêmes forcés d'opprimer les autres. Ils aiment à être honorés par leurs égaux, et approuvent les punitions infligées en vertu des lois. Quand ils sont ainsi gouvernés, ils considèrent comme commun les biens et les adversités.

Dion Cassius continue d'énumérer les avantages du gouvernement monarchique en prenant les arguments contraires, ce qu'il résume ainsi :

5 — [...] Aussi la plupart n'ont-ils de zèle que pour leurs intérêts particuliers, et haïssent-ils tous les autres, dont ils

regardent la réussite comme une affliction domestique et les malheurs comme un gain particulier. [...] Ne vois-tu pas combien notre ville et ses affaires sont encore pleines de confusion? Il est difficile que la foule des Romains, après avoir vécu tant d'années au sein de la liberté y renonce aujourd'hui ; il est difficile que les peuples nos alliés ou nos sujets dont les uns possèdent depuis longtemps un gouvernement populaire, et les autres ont été affranchis par nous-mêmes, soient de nouveau remis en servitude, lorsque nous avons autour de nous tant d'ennemis menaçants [...]. Une autre chose encore, qui est pour la multitude un pesant fardeau, c'est qu'elle supporte la peine et que d'autres en recueillent les profits.

Dion Cassius explique que dans un régime monarchique la justice est faussée, car les juges veulent être indépendants et jugeront contrairement au prince, et si c'est le prince qui juge, le danger est qu'il juge plus par colère que par justice. Contrairement à ce qui se passe dans les gouvernements républicains. Et puis, comment gouverner?

8 — Même en dehors de ceux qui sont coupables de quelques délits, il y a beaucoup de citoyens, fiers, les uns de leur naissance, les autres de leur richesse, ceux-là de quelques avantages, hommes d'ailleurs honorables, mais naturellement opposés au principe monarchique. On ne saurait, ni, en les laissant s'élever, vivre en sûreté; ni, en essayant de les en empêcher, agir avec justice. Comment en useras-tu avec eux? Comment les gagneras-tu? Enlever le prestige de leur noblesse, diminuer leurs richesses, abaisser leur fierté, c'est le moyen de n'obtenir aucune bienveillance de ceux à qui tu commandes. Comment, en effet, en obtenir s'il n'est permis à personne ni d'avoir une origine illustre, ni de s'enrichir par des moyens justes, ni d'être fort, brave ou intelligent? Et cependant si tu laisses ces qualités se développer séparément, tu ne les régleras qu'avec peine [...]. En effet, si tu suffisais à toi-même à exécuter bien et en temps opportun les travaux civils et militaires et que, pour aucun d'eux, tu n'eusses besoin d'aucune aide, je te tiendrais un autre langage ; mais il est de toute nécessité que tu aies beaucoup de gens pour te seconder, attendu la grandeur de cette portion de l'univers à qui tu commandes, et il convient qu'ils soient tous braves et intelligents. Si donc tu confies à de tels hommes les légions et les charges, tu seras en danger d'être renversé, toi et ton gouvernement ; car il n'est pas possible qu'un homme de mérite naisse sans élévation dans les sentiments, ni qu'il puise une grande élévation de sentiments dans une éducation servile ; il n'est pas non plus possible que remplis de sentiments élevés il ne désire pas la liberté, et qu'il ne haïsse pas tout pouvoir despotique.

De même, continue Dion Cassius, si le prince confie ces pouvoirs à des ignorants, il irritera la confiance des hommes de valeur et tout pouvoir sera anéanti. Le contraire se produit dans les gouvernements populaires :

> 9 — [...] Au contraire, plus grand est le nombre de citoyens riches et braves, plus les citoyens eux-mêmes conçoivent d'émulation et assurent la grandeur de l'Etat. L'Etat s'en sert et s'en applaudit, excepté lorsque quelqu'un aspire à la tyrannie ; celui-là, on le punit sévèrement.

Dion Cassius explique le dégoût qu'ont les Romains pour la tyrannie et leur soif de liberté ; il constate que tout prince ne connaît que fatigues, chagrins et soucis et il conclut : « C'est par ces motifs que jamais homme sensé ne désirera la puissance absolue. » (Texte tiré de l'*Histoire romaine* de Dion Cassius, traduite par E. Gros ; Librairie Firmin Didot frères, 1845.)

> On comparera tous les arguments d'Agrippa à ceux que propose Maxime : il y a des variantes, mais aussi des constantes ; quelles sont les unes et les autres ? Il faut bien comprendre que Corneille a eu sous les yeux ce texte et l'a interprété en homme du XVIIᵉ siècle.

3.2. LA RÉPONSE DE MÉCÈNE

Puis vient le discours de Mécène en faveur du gouvernement monarchique :

> 14 — C'est pourquoi si tu prends quelque intérêt à ta patrie, pour laquelle tu as soutenu tant de guerres, pour laquelle tu aurais volontiers donné ta vie, réforme, améliore sa constitution. Le droit de faire et de dire sans détour ce que l'on pense, considéré chez les gens sensés, est une cause de bonheur pour tous ; considéré chez les insensés, il est une cause de malheur ; aussi donner le pouvoir à ceux-ci c'est sauver, avec l'Etat, eux et le reste des citoyens, quand bien même ils ne le voudraient pas. Je suis donc d'avis que, sans t'arrêter à des mots spéciaux, tu ne te laisses pas abuser, mais qu'au contraire, considérant les résultats, tu mettes un terme à l'audace de la multitude, et te réserves à toi-même et aux autres citoyens d'élite l'administration des affaires, afin d'avoir au sénat les hommes les plus sensés ; dans les charges, les hommes les plus capables de commander les armées ; dans les armées et parmi les mercenaires, les hommes les plus vigoureux et les plus pauvres. De cette façon chacun, accomplissant avec zèle les fonctions qui lui incombent et rendant de bon gré les services qu'il attend des autres, ne s'apercevra pas de son infériorité dans les choses qui lui font défaut, et conquerra la vraie république, la sûre liberté. Car cette liberté de la foule est le pire des esclavages pour les honnêtes gens, et amène la perte commune des deux

partis; tandis que l'autre liberté, accordant partout la préférence au parti le plus sage, et donnant à tous équitablement selon leur mérite, fait pareillement le bonheur de tous ceux qui suivent son régime.

15 — [...] Les affaires seront bien administrées, quand elles ne seront ni portées à la connaissance de tous, ni soumises aux délibérations du peuple, ni livrées à la brigue des partis, ni assujetties aux caprices de l'ambition; nous jouirons agréablement des biens que nous possédons, sans être exposés à des guerres dangereuses ni à des séditions impies. Ce sont là, en effet, les inconvénients de toute démocratie, attendu que les citoyens puissants, prétendant au premier rang et salariant les citoyens les plus faibles, bouleversent tout, maux qui se sont produits chez nous en grand nombre et qu'il n'y a pas d'autres moyens de faire cesser.

16 — [...] Aussi notre ville ressemble-t-elle à un grand vaisseau de transport qui, plein d'une foule de toute sorte, privé de pilote, emporté depuis plusieurs générations par une violente tempête, est ballotté çà et là comme dépourvu de lest. Ne souffre pas que ce vaisseau soit encore battu par les orages (tu vois comme il fait eau); ne le laisse pas se briser contre un écueil (il est délabré et ne pourra résister plus longtemps); mais puisque les dieux, dans leur pitié pour notre patrie, t'ont établi pour la diriger et la gouverner, ne la trahis pas, afin que si, grâce à toi, elle a un peu respiré, elle puisse continuer à vivre tranquille.

Mécène explique la façon dont, selon lui, il faut gouverner et les institutions qu'il faut établir : l'administration, l'armée; dans toutes ces considérations, il refuse tout pouvoir au peuple, ce que résume cette pensée :

30 — Quant au reste, voici l'organisation que je te conseille. Tu orneras Rome avec toute la somptuosité possible, tu en rehausseras la splendeur par des jeux de toutes sortes; car il convient que nous qui commandons à beaucoup d'hommes, nous soyons en tout supérieurs à tous; une telle supériorité est utile pour inspirer le respect aux alliés et pour frapper les ennemis de terreur. Règle les affaires des autres nations de la manière que voici. D'abord que les peuples ne soient maîtres de rien; que jamais ils ne se réunissent dans les assemblées publiques : il ne leur viendrait aucune bonne pensée, et sans cesse ils exciteraient les désordres. C'est pour cela que, même chez nous, je prétends que le peuple ne doit être convoqué ni pour les tribunaux, ni pour les comices, ni pour aucune réunion où il s'agit de prendre une décision. Ensuite, qu'ils n'aient point d'édifices dont le nombre ou la grandeur dépasse le nécessaire; qu'ils ne s'épuisent pas en dépenses pour donner

des combats nombreux et variés, afin de ne pas se ruiner par de vaines recherches, et de ne pas entrer dans les luttes de rivalité insensée. Qu'ils aient cependant, excepté les jeux du cirque qui se célèbrent chez nous, quelques fêtes, quelques spectacles.

> On comparera avec les prises de position de Corneille dans la bouche de Cinna. Va-t-il aussi loin dans sa conception de la monarchie et du gouvernement populaire? — Quelles adaptations ces principes très rigoureux ont-ils subies?

31 — Si quelqu'un, ce qui peut arriver, est accusé de conspiration contre toi, ne porte à l'avance aucun jugement, aucune condamnation contre lui (il serait déplacé que le même homme fût à la fois accusateur et juge); conduis-le devant le sénat pour s'y justifier; s'il est convaincu, châtie-le, en modérant la peine autant que possible, afin que l'on croie à son crime. Car la plupart des hommes ne croient que difficilement à une conspiration de la part d'un homme sans armes contre un homme armé : la seule manière d'arriver à ce résultat, c'est de ne punir, autant que faire se pourra, ni avec colère ni sans pitié.

17 — La justesse de mes conseils, lorsque je prétends que le peuple doit être soumis à un chef unique, tu en es, je pense, depuis longtemps convaincu. Puisqu'il en est ainsi, hâte-toi d'accepter résolument la souveraineté ou plutôt ne la dépose pas ; car l'objet de notre délibération n'est pas de savoir comment nous nous emparerons de quelque chose, mais comment nous ne périrons pas et comment nous ne serons plus exposés au danger. Qui, en effet, t'épargnera, si tu remets les affaires au peuple, et que tu les confies à un autre, lorsqu'il y a tant de gens qui ont été offensés par toi, et que tous, pour ainsi dire, aspireront à la monarchie? Aucun d'eux ne voudra, en raison de ce que tu as fait, ni te défendre, ni laisser vivre en toi un adversaire. La preuve c'est que, sorti du pouvoir, Pompée fut en butte au mépris et aux conjurations, que n'ayant pu le recouvrer par la suite, il fut tué ; c'est que César, ton père, ayant voulu faire la même chose, a péri avant le temps. Marius et Sylla eussent certainement éprouvé le même sort, s'ils ne l'avaient devancé par leur trépas. Quant à Sylla, au rapport de quelques historiens, par crainte de ce malheur, il a prévenu ses adversaires et s'est tué lui-même. Au moins est-il vrai que plusieurs de ces règlements commencèrent à être abolis dès son vivant. Ainsi attends-toi à voir naître plus d'un Lépidus, plus d'un Sertorius, plus d'un Brutus, plus d'un Cassius. (*Histoire romaine* de Dion Cassius, *op. cit.*)

> On étudiera les emprunts de Corneille à Dion Cassius (le style, le système d'argumentation, la pensée).

Il s'agit véritablement d'un débat politique, et Corneille l'a transposé en exprimant son opinion personnelle; c'est ce qu'aucun auteur ne conteste; en particulier, le plus fanatique de tous, Robert Brasillach, dans son livre *Pierre Corneille,* qui date de 1938, explique que l'histoire romaine a donné à Corneille l'inspiration de la force qu'il met dans ses personnages et la lutte qu'il fait exister entre eux; Rome est l'incarnation de la puissance. Il y a lutte quand une autre force se trouve en présence de la force romaine, forces de même dimension, et, dit Brasillach, ces forces sont le christianisme et le nationalisme. Ce qui conduit Corneille à avoir une opinion politique : préférence pour une dictature royale, idée de grandeur, fierté du pouvoir. La conclusion de Brasillach est incisive :

> Nationalisme poussé dans son particularisme le plus vif, incarnation de l'autorité dans une figure dominatrice et absolue, dictature et de préférence dictature royale, opposition aux idées libérales, au parlementarisme, aux vieilles générations qui n'ont jamais rien compris, espoir en la jeunesse et l'avenir, construction de cet avenir par la foi, par le sacrifice, par tout ce qui élève l'homme au-dessus du matériel, orgueil des grandeurs de chair, mais mépris pour ceux qui n'en ont que l'apparence et la forme, telles sont, je crois bien, les bases de ce que l'on pourrait appeler la politique de Corneille.

{ Retrouver dans *Cinna* tous les éléments de la politique de Corneille ainsi définie par Brasillach et les apprécier par rapport au texte de Dion Cassius.

4. EXPLICATIONS POLITIQUES DE *CINNA*

Serge Doubrovsky écrit en 1963 un livre intitulé *Corneille et la dialectique du héros.* Le chapitre consacré à Cinna s'appelle : « Cinna ou la conquête du pouvoir ». Il analyse la pièce politiquement dans une optique toute nouvelle qui fera naître des idées tout à fait contraires aux principes traditionnels. Le critique explique la politique de Corneille par une évolution à travers ses quatre grandes pièces : *le Cid, Horace, Cinna, Polyeucte.* S. Doubrovsky parle de progrès de la conscience politique dans le théâtre de Corneille et expose les étapes de son développement. *Cinna* est l'étape du salut pour sauver le héros défaillant dans *le Cid* et *Horace.* Il explique cette conquête : « Si, selon l'excellente formule de Bernard Dort, il y a, avec Cinna, passage du roi juge au roi héros, unité organique et non plus formelle du moi héroïque et de l'Etat en une seule et même personne, ce passage ne se fait pas sans peine, et *Cinna,* à cet égard, est l'histoire d'une difficile conquête [...]. » Il explique cette opinion par tous les aspects de la pièce, à travers tous les sentiments qui y sont exposés. Tout d'abord, à propos de l'amour d'Emilie et de Cinna : il s'agit d'assurer la « continuité de la race des Maîtres », ainsi parle Fulvie à la scène première de l'acte II : c'est une idée fondamentale que l'on retrouve sans arrêt dans le dialogue entre Emilie et Cinna. Le but poursuivi par l'union des deux amants est dépassé par un seul but d'intérêt général : le salut de Rome (scène II, acte premier). Cependant, en réalité, il n'en est rien, pense Doubrovsky : il conteste la sincérité des sentiments d'Emilie. « Sa pitié filiale est suspecte. » A ce propos, il faut comparer les élans du cœur de Rodrigue et ceux d'Emilie : « La voix du sang, c'est-à-dire le sentiment de l'appartenance à la race des Maîtres, doit, chez Rodrigue, susciter le courage nécessaire pour vaincre ou mourir; en ce sens, il n'est aucune situation que le Maître ne puisse dépasser, rien ne lui est impossible. Chez Emilie, la morale aristocratique du *meurs ou tue* est remplacée par l'immoralisme machiavélien du succès. » Cela est très grave, pense Doubrovsky, et il constate que c'est le résultat d'une évolution depuis Rodrigue, héros cornélien type, jusqu'à Emilie pour qui le résultat peut être acquis par tous les moyens même par une double trahison envers Auguste et envers Cinna — puisqu'elle va jusqu'à envisager d'épouser Auguste pour mieux se venger (acte premier, scène II). Cet état de chose va dégrader le sentiment politique et commandera toute l'évolution du régime : « La lutte qui va s'engager entre elle et Auguste est, à cet effet, décisive pour l'avenir de l'éthique aristocratique : il s'agira de savoir pour arriver à ses fins quels sont les moyens possibles, et si la vengeance magnanime doit l'emporter sur la vengeance machiavélique — le machiavélisme n'étant au fond que la dégradation du projet aristocratique de domination en projet plébéien de réussite. » Si la piété filiale d'Emilie est suspecte, l'amour qu'elle porte à Cinna l'est également : il n'est qu'un moyen, « Emilie utilise Cinna », et par là même elle se dégrade elle-même. S. Doubrovsky montre aussi que Cinna n'a rien d'héroïque, et en fait c'est l'impression qui ressort de la pièce : il apparaît lâche, il se trompe et nous trompe en même temps. Que lui importe le salut de Rome ! Il reste en dehors de la conspiration, il y paraît étranger : « Le chef coupé de l'émotion qu'il inspire sans la partager, détaché en quelque sorte, tourne alors au rhéteur et au démagogue [...]. La même détérioration, la même inflexion vers le bas qui, chez Emilie, transformait la dialectique du mérite en logique du marchandage réduisent, chez Cinna, les vertus du général aux qualités de tribun. » On aboutit à cette conclusion implacable : « Si le désir de vengeance poussait Emilie vers le machiavélisme, l'esclavage amoureux conduit Cinna à l'escroquerie. » Conclusion tragique qui réduit à néant Cinna et Emilie et n'en fera que mieux ressortir la grandeur d'Auguste.

Or, pour l'auteur, « le problème d'Auguste, c'est celui de la possession ». Auguste connaît un drame : arrivé au pouvoir suprême et à tout, il aspire au repos absolu; il faudrait dépasser le temps : il s'agit de rechercher l'absolu, absolu qu'Horace conçoit dans la mort plutôt que de « retomber ».

Entre ces deux branches de l'alternative, Auguste choisit la seconde ; « et monté sur le faîte, il aspire à descendre [...] ». Il cherche par le biais de cette retombée la possession. S. Doubrovsky suspecte également la sincérité d'Auguste dans son drame intérieur : le repos, c'est la « fuite devant la mort » ; cela est contraire à l'héroïsme véritable : Auguste en est arrivé là à cause de l'illégitimité de son pouvoir. « Ce n'est pas une coïncidence si ce mouvement de découragement, au sens strict de perte de courage, en faisant éclater l'impossibilité de se posséder par la possession du monde, rappelle Auguste à la subjectivité. Il se ramène en soi, n'ayant plus où se prendre [...]. Et ce sera cette reprise de soi, cette reconquête intérieure, qui rendra Auguste à lui-même à la fin de la pièce. Mais pour l'instant, ramené à la subjectivité, il ne l'envisage que comme celle d'autrui. » Ce qui sauvera Auguste, c'est l'amour des autres, et c'est là le point de départ de la tragédie : l'amitié sans réserve, qu'Auguste voue à Cinna et Maxime. Auguste connaît là un échec : « Malheureusement, le projet d'Auguste d'être traité à la fois comme ami et comme souverain, ou, plus exactement, de retrouver sa souveraineté par le biais de l'amitié, est contradictoire. On ne peut établir en même temps des relations de supériorité et de réciprocité. » S. Doubrovsky va plus loin encore : « Si l'on préfère, sous le couvert d'une abdication politique, il s'agit, en réalité, d'une abdication morale. »

Il apparaît donc à la lecture du livre de S. Doubrovsky qu'il n'y a aucun héroïsme dans *Cinna* : rien ne tient, tout flanche à cause de la politique et par elle ; la conjuration est fragile, l'auteur parle de fausse union. Il n'y a que des trahisons, celle de Maxime après celle de Cinna. Pour S. Doubrovsky, le problème de Cinna n'est pas conforme au schéma classique : Cinna est pris entre son amour pour Emilie et son amitié pour Auguste, tout au moins sa reconnaissance ; « or, il n'en est rien, et l'on n'a pris garde qu'en choisissant finalement Emilie contre Auguste Cinna n'éprouve pas du tout de la douleur, mais, ce qui est bien différent, du remords ». Pourquoi le remords condamne-t-il Cinna ? En effet, selon Descartes, « le remords vient du doute qu'on a qu'une chose qu'on fait ou qu'on a faite n'est pas bonne ». Cinna sait qu'il a mal fait ; il ne souffre pas, contrairement à ceux qui ont conscience d'avoir agi comme il fallait ; Cinna est lâche et il le sait bien. « Contrairement au contresens flagrant de l'interprétation traditionnelle, la lâcheté de Cinna n'est pas, malgré ses sentiments républicains, de contribuer par ses conseils au maintien de la monarchie : elle consiste, en dépit de ses convictions monarchiques, à agir, par amour, en républicain. » « Il est de cœur et de conviction du côté d'Auguste. On ne s'est jamais demandé comment, surpris par l'initiative imprévisible de celui-ci, Cinna est capable d'improviser une défense de la monar-

chie, si concertée, si serrée, si logique, qu'elle emporte irrésistible-
ment l'adhésion d'Auguste. Cela serait inconcevable s'il n'exprimait
pas subitement une pensée longtemps préparée et mûrie : sa
pensée. » Les argumentations de Maxime et de Cinna sont bien
différentes : Maxime propose des raisons d'ordre individuel (sécurité
de l'empereur), Cinna des raisons d'ordre collectif : la liberté. « Or,
ce n'est pas uniquement la liberté aristocratique elle-même. » Et
ainsi surgit la figure du monarque : « Telle est la seule solution
concrète à la lutte à mort des consciences aristocratiques : la
monarchie dont l'importance croît de pièces en pièces, en la présence du souverain. » Les personnages expliquent la nécessité de la
monarchie de différentes façons; pour Maxime ce sont des raisons
permanentes, pour Cinna c'est l'évolution historique et c'est cela le
plus important; c'est le facteur temps qui donnera toute sa force à
l'idée de monarchie absolue car elle apparaît comme la finalité
historique de l'évolution des régimes politiques. « Car c'est de la
dialectique interne de l'héroïsme que surgit, péniblement et graduel-
lement, la figure envahissante du monarque. » La figure d'Auguste
apparaît de plus en plus et atteint son maximum au moment où
Cinna est anéanti. De même entre Emilie et Cinna, il y a choc
politique : « Emilie apparaît comme l'aristocrate qui s'entête et
s'aveugle à ne considérer les problèmes de la Maîtrise que sous
l'angle des rapports individuels; c'est la conscience aristocratique
originelle, restée figée dans l'épreuve initiatique, celle où le Maître,
ainsi qu'elle le dit elle-même, « fuit plus qu'elle-même la honte
d'être esclave ». Ce choc politique entre les deux amants permet
d'établir l'absolutisme du monarque et de l'Etat. Emilie est l'aristocrate qui ne veut recevoir son pouvoir que de sa race : suprématie
de la race, la « nature des choses », dit Maxime. Ce qui sauve tout
c'est le monarque et tout rentrera dans l'ordre par le rattachement
de tous à la monarchie; mais Emilie et Cinna se sont détruits mu-
tuellement jusqu'au bout. Pour S. Doubrovsky, « Emilie et Cinna,
dans la dialectique cornélienne de l'héroïsme, c'est le moment de
la descente aux Enfers du couple. » Tout le problème d'Auguste
sera de se ressaisir devant toute cette haine qu'il voit autour de lui :
il fera de grands efforts lents et douloureux. « Rentre en toi-même,
Octave », c'est un retour à la subjectivité. Il cherche à s'élever
jusqu'à la maîtrise, ce qui le sauvera. Mais quelle décision prendre ?
Livie est là et replace tout dans un contexte politique et historique.
« La clémence devient pour Livie une arme politique destinée à
vaincre Cinna et à consolider les assises du nouvel Etat monarchique. Auguste recherche la possession de lui-même. » Et il y arrivera peu à peu en dominant tout le monde; tout d'abord Cinna, qui
est facilement vaincu et l'est très fortement, et ensuite Emilie, qui
se bat mais qui, par Livie, se rend à de meilleurs sentiments : « La
vengeance d'Emilie, revendication d'une liberté anarchique, que
Cinna avait déjà dénoncée comme dangereuse à l'ordre et à l'Etat,

et qu'Emilie prétendait confondre avec une politique réelle est, en fait, une absence de politique. » Emilie est mise en contradiction avec elle-même. Maxime par sa seule trahison est anéanti. Auguste lutte encore ; après la colère, il rentre en lui, et c'est le « je suis maître de moi comme de l'univers ; je le suis, je veux l'être ». Pour G. Poulet, contrairement aux explications traditionnelles : « Ce qui distingue le héros cornélien, c'est l'identification spontanée de l'être et du vouloir. » Doubrovsky conteste cette affirmation, car rien n'est spontané chez Corneille, tout est calculé, et c'est au prix d'un effort sublime qu'Auguste en est arrivé à cette conclusion : « Il s'agit là d'un sublime raidissement, d'une crispation finale ou, ainsi qu'Auguste le dit, d'une dernière victoire acquise de justesse au bord du gouffre et de la chute. »

Puis tout le monde est récupéré par l'adhésion à la monarchie incarnée par Auguste. Mais, pense S. Doubrovsky, malgré cette apparence on assiste à la « tragédie de la politique ». A cause de l'intervention du sacré. Il y a un échec : « Auguste n'entend pas seulement fonder un Etat dans le présent et justifier la monarchie par l'histoire ; il veut fonder l'Etat permanent et mettre la monarchie hors de l'histoire. » *Cinna* est une pièce qui finit mal, car le grand danger de ces conclusions c'est l'Etat arbitraire.

> Corneille place l'Etat au-dessus de tout : c'est une véritable constante dans tout son théâtre. Il a une religion : l'Etat. Louis XIV a-t-il pu puiser dans Corneille ses conceptions du pouvoir ? Peut-on parler de doctrine politique ? Dans *Cinna* ne ressort-il pas l'idée que monarchie, religion, Etat forment un tout indissociable ? Quelle est la notion de liberté selon Corneille ? Est-ce celle qui est définie par Doubrovsky ? Les auteurs ne font-ils pas fi de Corneille homme de théâtre qui se veut tel avant tout ?

En conclusion sur ce sujet, il faut citer l'opinion d'Henri de Bornier dans son livre *la Politique de Corneille* :

> Corneille ramène la politique à une idée supérieure qui dominera toute son œuvre. Cette idée, c'est que le bien de l'Etat doit être la règle de tout homme, qu'à l'intérêt public tous les intérêts particuliers doivent céder, et que tout prince, tout citoyen qui viole cette loi supérieure est coupable et sera fatalement puni. Tout homme, au contraire, qui observe cette loi, même quand il doit en souffrir, sera récompensé par l'admiration reconnaissante de l'humanité. La raison d'Etat voilà toute la politique de Corneille. La raison d'Etat, politique de Corneille, est la plus haute leçon de patriotisme, de vertu, d'honneur, de justice, d'humanité qu'un poète ait jamais donnée. Servir l'Etat c'est en cela que se résume la politique cornélienne...

5. LA CLÉMENCE

5.1. SÉNÈQUE

Sénèque, dans son *De clementia* adressé à l'empereur Néron, dont il vante les vertus princières, explique les avantages de la clémence. (Trad. de François Préchac, éd. « les Belles Lettres », 1921.)

9 — Mais ce qui frappe le plus c'est la clémence, objet d'admiration pour les plus grands comme pour les plus humbles. Les autres biens, en effet, sont ressentis ou espérés à des degrés différents suivant la condition de chacun, mais la clémence ouvre à tous la même perspective ; et il n'est personne, pour autant qu'il ait la conscience en repos, qui n'aime à voir se dresser devant soi la clémence, indulgence pour les égarements des hommes.

II — 1. Il y a, je le sais, des philosophes qui regardent la clémence comme le soutien des plus grands criminels, parce que seule parmi toutes choses entre honnêtes gens. Mais tout d'abord si la médecine a son utilité auprès des malades, elle n'est pas moins à considérer chez les bien-portants : ainsi la clémence a beau être invoquée par ceux qui méritent le châtiment, elle est honorée par ceux-là même qui n'ont point péché. Ensuite elle est de mise avec ceux-ci, car il arrive parfois que notre condition nous tient lieu de faute. La clémence, poursuit Sénèque, n'est pas secourable qu'à l'innocence ; elle l'est aussi à la vertu dans la mesure où l'exemple du bien peut avoir de très heureux effets sur les individus qui se sont éloignés du droit chemin.

2 — Toutefois il ne convient pas de pardonner sans distinction ; car lorsque toute différence est abolie entre méchants et bons, la confusion s'ensuit et le déchaînement des vices. Aussi faut-il user de pondération pour faire un départ judicieux entre les sujets guérissables et ceux dont l'état est désespéré. Il ne faut ni faire de la clémence un usage indifférent et banal, ni en retrancher l'usage ; car pardonner à tous est cruauté aussi bien que refuser tout pardon. Nous devons soutenir un juste milieu ; mais là comme la mesure est difficile à observer toutes les fois que la balance devra pencher d'un côté, que ce soit dans le sens de la mansuétude.

On rapprochera ce passage de la délibération d'Auguste dans *Cinna*.

3 — II — 2. Voilà pourquoi les princes et les rois et quels que soient les noms qu'ils portent, ceux dont la fonction est de veiller sur l'Etat inspirent tout naturellement un degré d'affection où n'atteignent point les amitiés privées elles-mêmes ; car

si les gens d'esprit sain mettent l'intérêt public au-dessus de l'intérêt privé, il convient que celui qui personnifie la république soit aussi aimé davantage.

En parlant de la clémence d'Auguste, Sénèque dit :

2 — Cette clémence fut pour lui le gage du salut et de la sécurité, comme de la popularité et de la faveur publique [...] ; c'est elle qui lui a valu la gloire dont il jouit aujourd'hui encore, la gloire, esclave indocile des princes mêmes vivants.

Mais Sénèque refuse tout sens véritable à la clémence d'Auguste.

2 — Moi je n'appelle pas clémence la cruauté fourbe. La clémence véritable [...], c'est la maîtrise absolue de soi et l'amour véritable du genre humain, et ce n'est point essayer, sous l'influence pernicieuse d'une passion ou de sa légèreté naturelle ou des exemples de ses devanciers, jusqu'où vont en effet les droits que l'on a sur ses sujets, mais bien émousser le glaive impérial.

4 — Ainsi la clémence ajoute non seulement à la gloire, mais à la sécurité des princes : elle est à la fois l'honneur et le soutien le plus assuré des trônes.

5.2. DION CASSIUS

Quant à Dion Cassius (*op. cit.*), il relate les conseils que Livie a donnés à Octave face à la conspiration de Cnéius Cornélius.

Eh bien, changeons de conduite ; faisons grâce à l'un d'eux, nous réussirons bien plus sûrement, selon moi, par la clémence que par ma sévérité. Non seulement ceux dont on a eu pitié témoignent à ceux qui leur ont pardonné un amour qui engendre le désir d'acquitter leur dette ; mais bien plus, tous les autres hommes conçoivent pour l'auteur de cet acte du respect et de la vénération, en sorte qu'on n'ose plus l'offenser ; celui au contraire qui se montre inexorable dans sa colère est non seulement haï de ceux qu'il redoute, mais de plus il est détesté du reste des hommes, qui, par suite, lui tendent des pièges, afin de ne pas être eux-mêmes des victimes.

19 — Or, Auguste, tu ne dois pas seulement t'abstenir de l'injustice, tu dois en éviter jusqu'à l'apparence. C'est assez à un particulier d'être exempt de faute, un souverain doit être à l'abri même d'un soupçon [...]. Etre haï de ceux à qui l'on commande, c'est chose qui, outre qu'elle est peu honorable, ne porte pas profit [...].

2 — Ainsi vont les choses : ceux qui ont obtenu un pardon craignent, dans leur repentir, d'offenser de nouveau leur bienfaiteur, et lui rendent de bons offices dans l'espoir d'obtenir en retour d'amples récompenses ; l'homme qui a reçu la vie de

celui qu'il a offensé s'imagine qu'il n'est aucun bien qu'il ne doive attendre après avoir été traité favorablement. Cède donc à mes conseils, cher époux, change de conduite. De toute façon, il semblera que tous tes actes de rigueur ont été commandés par la nécessité ; attendu qu'il est impossible de ne pas répandre du sang quand, changeant la constitution d'une si grande ville, on la fait passer du gouvernement démocratique au gouvernement monarchique. Si tu persévères dans ta résolution, on croira que tu aimes les actes de cruauté.

Ainsi conclut Livie, et Auguste, se conformant à ses prescriptions, pardonna et, dit Dion Cassius, plus une conspiration ne fut découverte dans l'entourage d'Auguste. Bien plus : ce fut Livie, le principal auteur de la grâce de Cnéius Cornélius, qui fut plus tard accusée de la mort d'Auguste.

> Dans les textes de Dion Cassius et de Sénèque on fera le rapprochement entre les personnages et les discussions : Corneille n'a-t-il pas « poussé » Auguste jusqu'à une dimension qui n'apparaît pas dans ces auteurs ? C'est vraiment dans le texte de Corneille que l'on sent la divinité du personnage plutôt que dans les récits des historiens.

5.3. LA CRITIQUE MODERNE

Serge Doubrovsky a une conception particulière de la clémence dans *Cinna ;* il explique son utilité : « La solution de clémence fait ici coup double : arme politique destinée à vaincre Cinna, elle constitue en même temps une épreuve éthique par laquelle Auguste se vaincra, et, par là, restera digne de demeurer sur le trône et d'assurer la continuité de l'Etat monarchique. » En définitive et à bien compter la clémence d'Auguste, S. Doubrovsky conteste les deux positions opposées : « Si le geste d'Auguste est un pardon, c'est aussi une clémence, et l'empereur romain (ou Condé ou Louis XIV) aurait pleinement souscrit à la remarque de Napoléon que la clémence proprement dite est une si petite vertu quand elle n'est point appuyée sur la politique [...]. En un mot, il s'agit à la fois d'un acte moral et d'un acte politique, d'un passage dialectique du premier au second, si l'on veut, de la justification existentielle et du fondement légitime de l'Etat monarchique. » Il a ajouté : « Auguste ne pardonne pas par charité ou magnanimité au sens moderne, mais par générosité au sens du XVIIᵉ siècle, c'est-à-dire par orgueil aristocratique, pour prouver sa supériorité. » On a parlé de machiavélisme dans la décision de cette clémence — ainsi Napoléon —, mais la majorité des auteurs se sont élevés contre cette interprétation trop stricte. Ainsi Bornier, scandalisé, s'écrie : « Ainsi, d'après Napoléon, l'Auguste de Corneille serait le tartuffe de la clémence ! » G. Couton est plus nuancé : « La clémence d'Auguste c'est l'expiation de ses crimes antérieurs. » Quant à Bernard Dort, il étudie la clémence en tant que notion politique dans l'élaboration de l'idée d'Etat. Il fait de cette clémence bienfaisante d'Auguste une illumination dans les temps agités qui se préparent : « Moment absolu, vision presque mystique de Corneille [...], mais moment unique, et dans son œuvre, seul moment totalement glorieux, comme miraculeusement en équilibre dans l'histoire. »

Il est nécessaire d'être très nuancé dans une telle interprétation ; on recherchera dans *Cinna* les éléments qui font plutôt pencher dans ce sens plutôt que dans un tel autre.

Quant au côté machiavélique de la clémence, on étudiera ce problème en lisant Machiavel — *le Prince* — et en particulier le chapitre XVII intitulé : « De la cruauté et de la clémence et s'il vaut mieux être aimé que craint ». On fera une comparaison avec les propos de Livie, considérée comme le personnage machiavélique de la pièce.

Au terme de cette étude sur *Cinna*, on ne négligera pas l'« impression » laissée par la lecture ou la représentation de la pièce, car *Cinna* est une pièce de théâtre d'un homme du XVIIe siècle dont le seul but était de « plaire » ; et c'est à travers cette impression que l'on étudiera les différents éléments de discussion qui ressortent de cette étude.

JUGEMENTS SUR « CINNA »

XVIIe SIÈCLE

Voici le texte intégral de la lettre dans laquelle Guez de Balzac juge la tragédie de Corneille. A travers les formules d'une admiration sincère, on s'aperçoit que la principale préoccupation des contemporains de Corneille est de savoir si Corneille n'a pas trop trahi la vérité historique. C'est sur ce point que porteront aussi les critiques des écrivains de métier, comme La Bruyère et Fénelon. Quant aux gens du monde, ils s'intéressent davantage, comme le prince de Conti, à l'intrigue amoureuse.

LETTRE DE GUEZ DE BALZAC A CORNEILLE

Monsieur,

J'ai senti un notable soulagement depuis l'arrivée de votre paquet, et je crie miracle dès le commencement de ma lettre. Votre *Cinna* guérit les malades, il fait que les paralytiques battent des mains, il rend la parole à un muet, ce serait trop peu de dire à un enrhumé. En effet, j'avais perdu la parole avec la voix, et, puisque je les recouvre l'une et l'autre par votre moyen, il est bien juste que je les emploie toutes deux à votre gloire, et à dire sans cesse : *La belle chose!* Vous avez peur néanmoins d'être de ceux qui sont accablés par la majesté des sujets qu'ils traitent et ne pensez pas avoir apporté assez de force pour soutenir la grandeur romaine. Quoique cette modestie me plaise, elle ne me persuade pas, et je m'y oppose pour l'intérêt de la vérité. Vous êtes trop subtil examinateur d'une composition universellement approuvée; et s'il était vrai qu'en quelqu'une de ses parties vous eussiez senti quelque faiblesse, ce serait un secret entre vos muses et vous; car je vous assure que personne ne l'a reconnu. La faiblesse serait de notre expression, et non pas de votre pensée : elle viendrait du défaut des instruments, et non pas de la faute de l'ouvrier, il faudrait en accuser l'incapacité de notre langue.

Vous nous faites voir Rome tout ce qu'elle peut être à Paris, et ne l'avez point brisée en la remuant. Ce n'est point une Rome de Cassiodore et aussi déchirée qu'elle était au siècle des Théodorics : c'est une Rome de Tite-Live, et aussi pompeuse qu'elle était au temps des premiers Césars. Vous avez même trouvé ce qu'elle

avait perdu dans les ruines de la république, cette noble et magnanime fierté; et il se voit bien quelques passables traducteurs de
ses paroles et de ces locutions, mais vous êtes le vrai et le fidèle
interprète de son esprit et de son courage. Je dis plus, Monsieur,
vous êtes souvent son pédagogue et l'avertissez de la bienséance
quand elle ne s'en souvient pas. Vous êtes le réformateur du vieux
temps, s'il a besoin d'embellissement, ou d'appui. Aux endroits
où Rome est de brique, vous la rebâtissez de marbre : quand vous
trouvez du vide, vous le remplissez d'un chef-d'œuvre; et je prends
garde que ce que vous prêtez à l'histoire est toujours meilleur que
ce que vous empruntez d'elle. La femme d'Horace et la maîtresse
de Cinna, qui sont vos deux véritables enfantements, et les deux
pures créatures de votre esprit, ne sont-elles pas aussi les principaux
ornements de vos deux poèmes? Et qu'est-ce que la saine antiquité
a produit de vigoureux et de ferme dans le sexe faible, qui soit
comparable à ces nouvelles héroïnes que vous avez mises au monde,
à ces Romaines de votre façon? Je ne m'ennuie point depuis quinze
jours, de considérer celle que j'ai reçue la dernière. Je l'ai fait
admirer à tous les habiles de notre province; nos orateurs et nos
poètes en disent merveilles, mais un docteur de mes voisins, qui
se met d'ordinaire sur le haut style, en parle certes d'une étrange
sorte; et il n'y a point de mal que vous sachiez jusques où vous
avez porté son esprit. Il se contentait le premier jour de dire que
votre Émilie était la rivale de Caton et de Brutus dans la passion
de la liberté. A cette heure il va bien plus loin. Tantôt il la nomme
la possédée du démon de la république, et quelquefois la belle,
la raisonnable, la sainte et l'adorable Furie. Voilà d'étranges paroles
sur le sujet de votre Romaine, mais elles ne sont pas sans fondement.
Elle inspire en effet toute la conjuration et donne chaleur au parti
par le feu qu'elle jette dans l'âme du chef. Elle entreprend, en se
vengeant, de venger toute la Terre; elle veut sacrifier à son père
une victime qui serait trop grande pour Jupiter même. C'est à
mon gré une personne si excellente que je pense dire peu à son
avantage, de dire que vous êtes beaucoup plus heureux en votre
race que Pompée n'a été en la sienne, et que votre fille Émilie vaut,
sans comparaison, davantage que Cinna, son petit-fils. Si celui-ci
même a plus de vertu que n'a cru Sénèque, c'est pour être tombé
entre vos mains, et à cause que vous avez pris soin de lui. Il vous
est obligé de son mérite, comme à Auguste de sa dignité. L'empereur
le fit consul, et vous l'avez fait honnête homme; mais vous l'avez
pu faire par les lois d'un art qui polit et orne la vérité, qui permet
de favoriser en imitant, qui quelquefois se propose le semblable,
et quelquefois le meilleur. J'en dirais trop si j'en disais davantage.
Je ne veux pas commencer une dissertation, je veux finir une lettre
et conclure par les protestations ordinaires, mais très sincères et
très véritables, que je suis, etc.

Le 17 janvier 1643.

En voyant jouer *Cinna*, on se récrie beaucoup plus sur toutes les choses passionnées qu'il dit à Émilie et sur toutes celles qu'elle lui répond que sur la clémence d'Auguste, à laquelle on songe peu et dont aucun des spectateurs n'a jamais pensé à faire l'éloge en sortant de la comédie.

Le prince de Conti,
Traité de la Comédie et des Spectacles (1667).

Il peint les Romains; ils sont plus grands et plus Romains dans ses vers que dans leur histoire.

La Bruyère,
les Caractères (chap. XII) [1691].

Il ne paraît point assez de proportion entre l'emphase avec laquelle Auguste parle dans la tragédie de *Cinna*, et la modeste simplicité avec laquelle Suétone nous le dépeint dans tout le détail de ses mœurs.

Fénelon,
Lettre à l'Académie (1714).

XVIIIᵉ SIÈCLE

Le XVIIIᵉ siècle, en général plus favorable à Racine qu'à Corneille, reproche surtout à Cinna *d'être une pièce peu émouvante à cause de la faiblesse psychologique et morale des caractères; il reconnaît en revanche à la tragédie de Corneille une solide construction dramatique, fondée sur une puissante rhétorique.*

Corneille, né dans un siècle plein d'affectation, ne pouvait avoir le goût juste : aussi l'a-t-il fait paraître non seulement dans ses ouvrages, mais encore dans le choix de ses modèles, qu'il a pris chez les Espagnols et les Latins, auteurs pleins d'enflure, dont il a préféré la force gigantesque à la simplicité plus noble et plus touchante des poètes grecs. [...] De là [...] ces disputes opiniâtres qui refroidissent quelquefois les plus fortes scènes, et où l'on croit assister à une thèse publique de philosophie, qui noue les choses pour les dénouer. Les premiers personnages de ses tragédies argumentent alors avec les tournures et les subtilités de l'école, et s'amusent à faire des jeux frivoles de raisonnements et de mots comme des écoliers ou des légistes. C'est ainsi que Cinna dit :

> Que le peuple au tyran ne soit plus exposé;
> S'il eût puni Sylla, César eût moins osé.

Car il n'y a personne qui ne prévienne la réponse de Maxime...

Vauvenargues,
Réflexions critiques sur quelques poètes (1746).

Je pense, avec l'Académie, que c'est à Auguste qu'on s'intéresse pendant les deux derniers actes; mais certainement dans les premiers, Cinna et Émilie s'emparent de tout l'intérêt et, dans la belle scène de Cinna et d'Émilie où Auguste est rendu exécrable, tous les spectateurs deviennent autant de conjurés au récit des proscriptions. Il est donc évident que l'intérêt change dans cette pièce, et c'est probablement pour cette raison qu'elle occupe plus l'esprit qu'elle ne touche le cœur. [...] Je regarde *Cinna* comme un chef-d'œuvre, quoiqu'il ne soit pas de ce tragique qui transporte l'âme et qui la déchire; il l'occupe, il l'élève. La pièce a des morceaux sublimes; elle est régulière, c'en est bien assez.

Voltaire,
Lettre à Duclos du 25 décembre 1761.

Rassembler dans un même personnage un tissu continuel de contradictions si choquantes, c'est violer trop ouvertement l'unité de caractère. [...] Comment m'intéresser à ce que vous pouvez vouloir, quand vous-même ne le savez pas? [...] Concluons que le rôle de Cinna est essentiellement vicieux, en ce qu'il manque, à la fois, et d'unité de caractère et de vraisemblance morale. Ajoutons maintenant qu'il manque aussi de cette noblesse soutenue, convenable à un personnage principal, qui ne doit rien dire ni rien faire d'avilissant. [...]

Que reste-t-il donc pour soutenir la pièce jusqu'au cinquième acte? Le seul intérêt de curiosité; c'est un grand événement entre de grands personnages. La pièce est intitulée *la Clémence d'Auguste*. Il est informé de tout : il a mandé Cinna, il paraît incertain du parti qu'il doit prendre, et violemment agité. On veut voir ce qui arrivera, et tel est l'avantage qui résulte de l'unité d'objet. Le spectateur, que l'on a toujours occupé de la même action, veut en voir la fin.

La Harpe,
Lycée ou Cours de littérature (t. V) [1799 et suiv.].

XIXe SIÈCLE

L'opinion de Napoléon sur Cinna reste célèbre : il a sans doute interprété à contresens l'intention du poète, mais son jugement est un excellent exemple des perspectives très différentes sous lesquelles peut être aperçu un personnage, selon la qualité des spectateurs et l'époque.

Quant aux poètes français, je ne comprends bien que votre Corneille. Celui-là avait deviné la politique, et, formé aux affaires, eût été un homme d'État. Je crois l'apprécier mieux que qui que ce soit, parce que, en le jugeant, j'exclus tous les sentiments dramatiques. Par exemple, il n'y a pas bien longtemps que je me suis expliqué le dénouement de *Cinna*. Je n'y voyais d'abord que le moyen de faire un cinquième acte pathétique, et encore la clémence proprement dite est une si pauvre petite vertu quand elle n'est point appuyée sur la politique, que celle d'Auguste, devenu tout à coup si prince débonnaire, ne me paraissait pas digne de terminer cette belle tragédie. Mais, une fois, Monvel, en jouant devant moi, m'a dévoilé le mystère de cette grande conception. Il prononça le *Soyons amis, Cinna*, d'un ton si habile et si rusé, que je compris que cette action n'était que la feinte d'un tyran, et j'ai approuvé comme calcul ce qui me semblait puéril comme sentiment. Il faut toujours dire ce vers de manière que de tous ceux qui l'écoutent, il n'y ait que Cinna de trompé.

Napoléon,
Dans les *Mémoires de Mme de Rémusat* (t. Ier, chap. IV, p. 279).

A la fin du XIXe siècle, la tragédie de Cinna passe pour ennuyeuse; on ne lui reconnaît même plus le mérite d'être la pièce bien faite, qu'appréciaient les critiques du XVIIIe siècle, mais on s'intéresse au problème de morale politique qu'elle pose.

A ne considérer *Cinna* que comme œuvre dramatique, il n'en est guère de plus mal bâtie. L'action est des plus incohérentes, et, à certains endroits même, elle est inexplicable. Les caractères ne sont guère mieux tracés que l'intrigue n'est ourdie. [...] Il n'en est pas moins vrai que *Cinna* a pour nous des côtés qui intéressent. [...] Corneille était de cette génération qui a produit les de Retz, les La Rochefoucauld, les Condé, tous ces grands personnages qui, ayant vécu dans un temps très agité, ont connu et démêlé les plus secrets ressorts de la politique. Plus on relit ces gens-là, plus on est étonné de la connaissance profonde qu'ils avaient emportée de l'homme politique et moral.

Si Corneille a saisi et rendu avec bonheur les petits côtés de la tyrannie, il a aussi jeté un regard profond sur l'ennui de ces tout-puissants souverains, qui ne trouvent plus, dans le spectacle du monde, qu'ils ont avili, qu'un sujet de mélancolique dédain. Il est entré plus avant que personne dans ces âmes hautaines, et en a sondé la vaste désolation. [...] Jamais ce rassasiement de la toute-puissance n'a été mieux exprimé que par Corneille, dans ces beaux vers de *Cinna*, qui sont toutes les mémoires.

Francisque Sarcey,
Feuilleton dramatique du *Temps* (14 septembre 1868).

Tout dans *Cinna* se passe en dissertations, en déclamations, en discours.

Victor de Laprade,
Essais de critique idéaliste (1882).

Dans *Cinna*, quelque intérêt que nous prenions aux angoisses d'Auguste, ce qui défend, ce qui soutient l'une des moins dramatiques assurément des tragédies de Corneille, c'est qu'il y va de savoir où commence le droit à l'insurrection; si nous avons celui de donner des bornes à une tyrannie qui n'en reconnaît aucune; et si tous les moyens sont légitimes, permis, ou excusables pour les lui imposer?

Ferdinand Brunetière,
Conférence sur *Rodogune* (1891)
[*les Époques du théâtre français*, p. 67].

A partir des dernières années du XIXe siècle et jusqu'à nos jours, le prestige de Corneille remonte, et, malgré quelques appréciations sévères (voir le jugement. de R. Brasillach), tous les critiques sont du moins d'accord pour faire d'Auguste le héros de la tragédie et pour retrouver en lui les éléments caractéristiques de l'idéal cornélien.

Sous la beauté robuste de la forme, on rencontre déjà dans *Cinna* ce qui caractérisera la plupart des tragédies postérieures à *Polyeucte* : 1° l'amour totalement subordonné à des passions plus « nobles », telles que l'ambition politique et la vengeance, et 2° l'effort de la volonté admiré pour lui-même et indépendamment du but.

Jules Lemaitre,
Histoire de la littérature française de Petit de Julleville
(t. IV, p. 294) [1897].

Si l'unité de l'action, malgré les règles sévères du temps, manque parfois aux pièces de Corneille, alors cette unité est rétablie par les caractères. L'intérêt se déplace du premier au second acte de *Cinna*, et passe des conspirateurs à Auguste : c'est par une exigence de l'étude morale; il faut montrer d'abord le tyran qui doit se transformer en généreux empereur.

Gustave Lanson,
Corneille (p. 128) [1898].

XXe SIÈCLE

Cinna représente en perfection le loyalisme de la bourgeoisie française au XVIIe siècle. Par les sentiments, par la philosophie politique, par le frisson de respect, comme par le style majestueux et purifié, c'est, bien plus qu'aucune autre, la Tragédie royale.

Paul Desjardins,
Théâtre choisi de Corneille (1914).

Auguste n'est pas une grande âme inaccessible aux faiblesses humaines, un « héros né ». Il le devient. Et c'est ce devenir qui fait sa vérité dramatique.

Daniel Mornet,
Histoire des grandes œuvres
de la littérature française (p. 55) [1925].

La beauté de la langue ne nous retient pas suffisamment dans cette œuvre ordonnée sur une architecture assez noble, mais dont la pompe nous paraît plus décourageante encore que celle d'*Horace*. C'est à la phrase de Gide sur les grands sentiments qui donnent naissance à la mauvaise littérature que nous pensons sans arrêt, devant ce triomphe de la clémence, de la domination de soi. C'est plus encore aux leçons des stoïciens, des jésuites et du catéchisme, comme si *Cinna* était la dernière des tragédies de collège, comme si l'auteur n'avait fait que mettre en scène les enseignements de ses maîtres. [...] Il nous faut beaucoup de patience pour découvrir un reflet doré et humain, parfois, dans certains mots d'Auguste et surtout dans le dilemme galant de Cinna.

Robert Brasillach,
Corneille (p. 184) [1938].

Le progrès décisif s'accomplit avec *Cinna* et *Polyeucte*, les deux plus purs chefs-d'œuvre cornéliens, où se posent dans toute leur ampleur des conflits de devoirs et qui portent à la scène de véritables conversions : luttes pathétiques, où s'affrontent des âmes inégales, qui, progressivement, éprouvées, éclairées, rejoignent finalement la plus haute.

René Jasinski,
Histoire de la littérature française (1947).

Qu'il y ait eu en 1639 des troubles à Rouen, que le pouvoir royal ait sévi avec une horrible dureté, que Corneille ait assisté à cette répression sanglante, il n'y a aucune raison d'en conclure que *Cinna* soit sorti de cet épisode d'histoire locale, et que Corneille l'ait composé pour porter Richelieu à la clémence. Ce qui, au contraire, éclaire son œuvre, ce qui l'explique d'une explication nécessaire, c'est que le problème du conflit entre la Raison d'État et le sentiment d'humanité s'impose à toutes les consciences éclairées de l'époque. Les meilleurs esprits, en France, réagissent secrètement, mais décidément, contre les progrès de ce dogme inhumain qui fait fi aussi bien des traditions chrétiennes que des affirmations de la sagesse antique. [...]

Pris à cette hauteur, *Cinna* reçoit sa véritable signification. Il n'est pas question d'imaginer qu'Auguste représente Richelieu. Hypothèse invraisemblable, car il eût suffi que la pièce parût une leçon pour que la foudre frappât l'écrivain imprudent. Il s'agit au contraire d'une étude très générale, portée et maintenue sur le plan le plus élevé, où Corneille s'abstrait volontairement de tout ce qui pourrait paraître allusion à des événements contemporains.

Antoine Adam,
Histoire de la littérature française au XVIIe siècle,
tome Ier (1948).

Ainsi, le combat d'Auguste n'est pas d'ordre politique (conservation du pouvoir) ni d'ordre moral (punir ou pardonner); c'est un conflit entre la puissance et la valeur, résolu de façon satisfaisante par un renversement total chez Auguste de la façon de comprendre la puissance; l'esprit qui « se ramène en soi » opère ce transfert de la puissance à l'être et ce passage de l'ordre du monde à celui de l'esprit. Auguste, de toute évidence, sur la fin de son effort généreux, est marqué de cette passion spirituelle qui, dans le personnage politique, fait surgir un homme nouveau, inconnu de lui-même et des siens.

Octave Nadal,
*le Sentiment de l'amour dans l'œuvre
de Pierre Corneille* (p. 199) [1948].

Retenons du dénouement de *Cinna* que, dans la conception cornélienne, l'ambition du moi n'est pas réprouvée dans son principe. Elle s'épure, se détache des intérêts palpables, prend la forme d'une affirmation idéale de dignité ou de supériorité; elle est sublimée et non réprimée.

Paul Bénichou,
Morales du Grand Siècle (p. 32) [1948].

Cinna est une tragédie qu'il faut en même temps qu'on la lit des yeux lentement, attentivement, entendre à la manière d'un compositeur qui déchiffre une partition musicale. Il est impossible, sans en diminuer l'intensité dramatique, sans lui enlever une partie de sa puissance évocatrice et incantatoire, de ne pas tenir compte de cette conjonction de la pensée et du lyrisme verbal.

Charles Dullin,
Mise en scène et commentaires de « Cinna » (p. 13) [1948].

Dans sa *Préface au* Théâtre complet de Corneille *(Éd. de la Pléiade, Gallimard, 1957), Pierre Lièvre écrivait, à propos des pièces inspirées de l'histoire romaine :*

Ce fut une apologie du pouvoir personnel. Jamais on ne vit ailleurs tant de personnages assoiffés de régner, qui en mettaient l'honneur au-dessus de tout et qui se montraient prêts à tout sacrifier pour obtenir ou assurer la possession du trône ou du diadème. Il est assez singulier d'en prendre conscience, car on est souvent enclin à prêter à Corneille une âme républicaine, et Stendhal, qui l'aimait tant, ne craignit point de le qualifier parfois de jacobin. C'est une conséquence de cette admirable duplicité qui est le fait des poètes véritablement inspirés.

Pierre Lièvre,
(Théâtre complet de Corneille, Introduction, p. 12).

Le poète s'adresse [...] aux Français pour leur faire la leçon : un pouvoir fort existe ; la façon dont il s'est imposé n'importe plus ; il se consolide et se légitime par l'exercice même. L'intérêt national demande qu'on passe l'éponge sur des procédés brutaux mais nécessaires de gouvernement, que l'on renonce aux vengeances familiales. Les conseils du *Cid* et d'*Horace* se retrouvent ainsi dans *Cinna* : les grands hommes ne sont pas justiciables de la morale commune ; leur œuvre les met « au-dessus des lois » (*Horace*, v. 1754).

Georges Couton,
(Corneille, p. 71) [1958].

SUJETS DE DEVOIRS ET D'EXPOSÉS

NARRATIONS

● Au sujet des vers 1521-1522 de l'acte V, scène première :

> Mais tu ferais pitié même à ceux qu'elle irrite,
> Si je t'abandonnais à ton peu de mérite.

Voltaire raconte : « Le dernier maréchal de La Feuillade, étant sur le théâtre, dit tout haut à Auguste : « Ah! tu me gâtes le : Soyons amis, Cinna. Le vieux comédien qui jouait Auguste se déconcerta et crut avoir mal joué. Le maréchal, après la pièce, lui dit : « Ce n'est pas vous qui m'avez déplu, c'est Auguste, qui dit « à Cinna qu'il n'a aucun mérite, qu'il n'est propre à rien, qu'il « fait pitié, et qui ensuite lui dit : Soyons amis. Si le roi m'en disait « autant, je le remercierais de son amitié... »

Racontez cette représentation et faites (ou faites faire par un assistant) vos réflexions sur la plaisanterie du maréchal.

● En novembre 1674, le chevalier de Rohan, qui avait conspiré contre Louis XIV, allait être décapité. Ses amis intervinrent et firent jouer devant le roi la tragédie de Cinna. Louis XIV, ému, était disposé à accorder la grâce du chevalier, mais les ministres restèrent inflexibles et Rohan fut exécuté.

Faites revivre cette scène, sous forme de dialogue entre le roi et ses ministres — ou sous forme de récit.

DISSERTATIONS

● « Cette clémence dont on fait vertu se pratique tantôt par vanité, quelquefois par paresse, souvent par crainte et presque toujours pour les trois ensemble. » Cette maxime de La Rochefoucauld rend-elle compte de la clémence d'Auguste dans Cinna ?

● Peut-on appliquer à *Cinna* cette critique adressée à la tragédie française par un personnage de *la Nouvelle Héloïse* de Jean-Jacques Rousseau (II, 17) : « En général, il y a beaucoup de discours et peu d'action sur la scène française : peut-être est-ce qu'en effet le Français parle encore plus qu'il n'agit, ou, du moins, qu'il donne un bien plus grand prix à ce qu'on dit qu'à ce qu'on fait. [...] Racine et Corneille, avec tout leur génie, ne sont eux-mêmes que des parleurs. »

● Par une étude minutieuse du style de quelques scènes, justifiez cette appréciation : « *Cinna* est une belle fête oratoire. » (P. Desjardins.)

● Est-il vrai que, comme le prétend La Harpe, « le seul intérêt de curiosité » nous attache à *Cinna*?

● Comparez le caractère d'Émilie à ceux des autres héroïnes de Corneille que vous connaissez.

● Dégagez, dans la tragédie de *Cinna*, ce qui est un reflet de la société de l'époque, les emprunts que Corneille fait à l'histoire romaine et, enfin, l'apport original de Corneille.

TABLE DES MATIÈRES

IMPRIMERIE HÉRISSEY. — 27000 - ÉVREUX.
Dépôt légal Avril 1984. — N° 38135. — N° de série Éditeur 12998.
IMPRIMÉ EN FRANCE (Printed in France). — 870 036 D-Octobre 1985.